Eugen Drewermann
Von Tieren und Menschen

W0095672

Eugen Drewermann

Von Tieren und Menschen

Moderne Fabeln

PATMOS VERLAG

Bibliographische Information der Deutschen Bibliothek

Die Deutsche Bibliothek verzeichnet diese Publikation in der
Deutschen Nationalbibliographie; detaillierte bibliographische Daten
sind im Internet über http://dnb.ddb.de abrufbar.

2. Auflage 2004
© 1998 Walter Verlag, 2. Aufl. 1998
© ppb-Ausgabe 2002
Patmos Verlag GmbH & Co. KG, Düsseldorf
Alle Rechte vorbehalten.
Druck und Bindung: Grafo S. A., E-Basauri
ISBN 3-491-69047-1
www.patmos.de

Inhalt

7 Vorwort
10 Der Grauohrsittich
14 Der Hund
18 Das Täubchen
22 Der Bonobo
26 Die Orang Utan-Mutter
30 Die Eichhörnchen
34 Die Saatkrähen
38 Die Hundeflöhe
42 Die Katze
47 Der Schäferhund und die Möwen
51 Das Hamsterchen
54 Die Bussarde
57 Die Feldmaus
61 Der Esel
65 Die Kuh
72 Die Affen
77 Der Elephant
81 Die Quallen
85 Karpfen und Flußkrebse – lebend
90 Die Fische
94 Prielwürmer und Möwen
99 Die Seehunde
102 Die Zwergmakis
104 Die Schwalbe
109 Die Meisen
111 Die Mauersegler
113 Die Makaken

Vorwort

*A*uch Literaturformen können sterben. Der *Roman* zum Beispiel – eine exemplarische Gesamtschau des Lebens aus der Sicht eines Schriftstellers, der in gewissem Sinne die Position Gottes einnimmt –, wer getraute sich noch, oder besser: wer vermöchte auch nur, so etwas noch zu Papier zu bringen?

Auch die Erzählform der *Fabel* ist tot. Nicht weil die Tiere uns nichts mehr zu sagen hätten, im Gegenteil: weil wir inzwischen besser begreifen, wie nahe wir ihnen in Wirklichkeit sind.

Der *Totemismus* ist gänzlich zu Ende. Nicht länger mehr bilden die Tiere die projektive Ausgangsform unserer Selbsterkenntnis oder unserer Gruppenidentität, nicht länger mehr stellen sie die gemutmaßte Urform mythischer Herkunft dar. Heute wissen wir, wieviel wir der Ahnenreihe der Evolution verdanken. Unsere Gefühle, unsere Wünsche, die Formen unseres Schmerzempfindens, die Erlebnisart unserer Ängste – all das hat seinen Ursprung in den Jahrmillionen der Entwicklung der Tiere. Doch eben deshalb kann keines von ihnen in unseren Augen noch länger als der Urvater des Clans der Bären oder der Sippe der Wölfe oder des Stamms der Coyoten betrachtet werden.

Was uns Heutigen jenseits der Kultur steinzeitlicher Jäger und Fischer aus den Zeiten von Mythos und Fabel verbleibt, ist die anscheinend unausrottbare Neigung, das Unverständliche am Verhalten eines anderen Menschen im Zerrspiegel von vermeintlich Tierhaftem wahrzunehmen. Fast immer sind es Schimpfworte, wenn wir einen Menschen an unserer Seite mit einem Tiernamen belegen. Es ist das Unwerte an uns selber, das uns den Tieren vergleichbar sein läßt. Nachdem die mythische

Weltsicht durch die Aufklärung der Griechen im fünften vorchristlichen Jahrhundert zerbrach, hat vor allem die Weltsicht der Bibel die Tiere noch weiter entwertet: Das Tier als der Ausbund des dämonisch Triebhaften! Der Mensch als die Krone der Schöpfung! Nicht mehr der Stolz, ein Adler oder ein Büffel zu sein, bildet sich in den Tiervergleichungen ab, vielmehr die offen geäußerte Absicht, einen anderen Menschen möglichst grob zu beleidigen, drückt sich darin aus, daß wir jemanden als einen Esel, eine Kuh, eine Gans oder als eine Sau bezeichnen.

Es ist vor allem die Verhaltensforschung, die uns heute verdeutlicht, wie unrecht wir nicht nur den Menschen, sondern insbesondere den Tieren tun, wenn wir derart daherreden. Wie schlau in Wirklichkeit ist ein Esel, wie sensibel ein Rind, wie anhänglich eine Graugans, wie reinlich ein Schwein. Wir müssen nur erst unsere liebgewonnenen Schablonen und Vorurteile verlieren!

Unmöglich deshalb, noch länger Fabeln nach Art des Äsop, des Leonardo, des La Fontaine oder des Lessing erzählen zu wollen; unmöglich auch, noch einmal E. T. A. Hoffmanns brillante *Ansichten des Katers Murr* vorzutragen. Statt fälschlich die Tiere zu vermenschlichen und die Menschen zu vertieren, scheint es angemessener, beide in ihren Eigenarten und Unterschieden zu betrachten.

Die Tiere reden von daher nicht mehr von sich aus belehrend zu uns heutigen Menschen. Doch wenn wir ihnen zuschauen, fällt uns so manches ein, das uns helfen kann, unser Leben zu ordnen. Nach wie vor gibt es dabei ein *Fabula docet*, doch nicht mehr in der Moral des erhobenen Zeigefingers, eher in der Weise psychotherapeutischer Weisheit, nicht mehr in der Karikatur eines Winks mit dem Zaunpfahl, vielmehr in der gütigeren Wahrnehmung einer Welt, in der wir beide, Menschen wie Tiere, untrennbar zusammengehören.

Wer einem Tier gut sei, könne nicht ein schlechter Mensch sein, meinte bereits Arthur Schopenhauer. Das Umgekehrte gilt gewiß auch: Wer Tiere als bösartig zeichnet, der ist notwendig boshaft auch zu sich selbst, mithin auch zu anderen Menschen. Insofern ist die Fabeldichtung nach wie vor, was sie immer schon war: ein Prüfstein für die Art, was für Menschen wir sind.

Dann nach wie vor auch bleibt im Gegenüber der Tiere zu erzählen, wie fabelhaft viele Menschen in Wirklichkeit sind. Auch die Sprache der Zärtlichkeit bedient sich gerne auf kindliche Weise verschiedener Tiernamen. Wohl: wenn die Liebe einen Menschen zum Tiere erhebt oder, je nachdem, auch erniedrigt, stehen wir mit dem Motiv der Tierverwandlung nicht mehr auf dem Boden der Fabel, sondern des Märchens oder des Mythos; was aber gäbe es über den Menschen angesichts der Tiere Wichtigeres zu lernen als ein gewisses Gefühl für seine mögliche Größe und ein gewisses Mitgefühl für seine oft so hilflose Kreatürlichkeit?

Die Fabel ist tot. Doch: es lebe die Fabel!

Der Grauohrsittich

*E*r war das Prachtexemplar von einem Grauohrsittich. Seine Körperlänge vom Schnabel bis zur Schwanzspitze maß vierundzwanzig Zentimeter. Dunkelgrün schimmerte sein Gefieder, die Brust und die Unterseite des Bürzels glänzten rotbraun. Um die schwarzen Augen zogen sich brillenartig zwei weiße Ringe, die ihm ein gewissermaßen gelehrtes Aussehen verliehen. Und gelehrig war er ohne Zweifel.

Recht spät erst und nur durch einen bloßen Zufall hatte ich herausgefunden, daß er ein Höhlenbrüter sein mußte. An einem Nachmittag hatte das Schubfach für das Besteck in der Küche etwas offen gestanden, und diesen Spalt hatte er sofort entdeckt. In höchster Erregung setzte er sich auf die Kante, hämmerte mit seinem runden Schnabel rhythmisch lockend auf das Holz und gab dabei eigentümliche Zwitscherlaute zum besten, wie ich sie sonst von ihm noch niemals gehört hatte. Es war deutlich, daß er begierig auf Antwort aus dem vermeintlichen Höhleninneren wartete, – eine ideale Situation, ihm Tonfolgen der menschlichen Sprache beizubringen. «(Guten) Morgen» zum Beispiel – er knurrte es bald so perfekt, wie ein Mensch die Lautkundgebungen eines Sittichs niemals erlernen wird. Freilich, helle Worte mit a und i lagen ihm mehr. Seine Meisterschaft wurden deshalb die Namen bedeutender Politiker wie Adenauer und Ali Bhutto. Wie gesagt, es handelte sich um das Prachtexemplar eines Grauohrsittichs.

Nur daß er auffallend schreckhaft war, ließ sich nicht übersehen. Vielleicht schon beim Fang oder beim Transport, gewiß aber in der absolut laienhaft geführten Zoohandlung, in der ich ihn entdeckt hatte, mußte er wahre Martyrien durchgemacht haben. Eine seiner Zehen am linken Fuß war abgetrennt worden. Die Kolbenhirse, die bis dahin sein Futter gebildet hatte, war bestenfalls als Nachtisch für ihn geeignet; was er brauchte, waren harte Kräcker, an denen er seinen kräftigen Schnabel trainieren konnte, und natürlich reguläre Papageiennahrung. Sein Lieblingsspiel war es, alles und jedes darauf hin zu überprüfen, ob es sich anknabbern ließ oder nicht, – im Erfolgsfalle ruhte er nicht, bis daß er den Gegenstand seiner Wahl in winzige Späne zerlegt hatte. Einen normalen Bleistift etwa zersplitterte er in rund zehn Minuten so sorgfältig, daß nur noch die unzerbrochene Graphitmine und ein Häufchen Holzreste von ihm übrig blieben. Wie gesagt, er war ein prachtvoller Grauohrsittich.

Das einzige Problem bestand darin, daß man ihm nicht zu nahe kommen durfte. Wohl erlaubte er es, wenn am Abend eine Decke über seinen Käfig gebreitet wurde, damit er friedlich auf der oberen Sitzstange einschlafen konnte; doch sobald ich die Hand in den Käfig streckte, um die Schälchen mit Wasser und Futter zu wechseln oder um das kleine Badebassin an den Eingang zu hängen, floh er verängstigt schreiend und mit den Flügeln schlagend in die höchste Ecke des Bauers. Was mußte man diesem Tier angetan haben, daß es eine Menschenhand derart fürchtete!

Leider gestaltete sich sein Leben anfangs unter diesen Umständen für eine ganze Weile weit eintöniger und beengter, als es dem Wohnraum nach erforderlich gewesen wäre, denn es war natürlich nicht möglich, den Sittich frei fliegen zu lassen, solange er nicht handzahm war. Wie aber sollte er das jemals werden? Um ihm die Plage der lästigen Milben zu ersparen, war es unerläßlich, ihn alle paar Tage einzusprühen – Wohltaten, auf die er mit panikähnlichen Zuständen reagierte. Um den Käfig zu säubern und den Vogel ordentlich zu baden, ließ ich einmal pro Woche mit Hilfe der Warmwasserbrause ein tropisches Gewitter über ihn herniederregnen – wiederum eine Maßnahme, bei der ich auf seine Billigung keinesfalls zählen durfte. Einzig mit dem Angebot leckerer Apfelstückchen erzielte ich bescheidene Erfolge. Immer, wenn ich eines der

11

Stücke zwischen die Käfigdrähte steckte, geriet das Tier in einen heilsamen Konflikt: so ein Apfelstückchen bedeutete ihm eine Delikatesse, die es sich auf keinen Fall entgehen lassen wollte; dann aber war da diese schreckliche Hand dicht in seiner Nähe. Doch fand zwischen Angst und Appetit der Sittich den für ihn typischen Kompromiß: gerade zwei Schritte weit trippelte er auf seiner Stange in Richtung des Apfels; dann streckte er seinen Hals, so lang er konnte, bis zu der Stange hin, um das Apfelstück in Empfang zu nehmen. Auf mehr als diese äußerst vorsichtige Kontaktaufnahme ließ er sich unter gar keinen Umständen ein, und so war, wie die Dinge nun standen, auf absehbare Zeit eine weitere Annäherung nicht zu erhoffen.

Alles änderte sich unverhofft in einer Oktobernacht, in gewissem Sinne durch eine Unachtsamkeit. Der Tag war recht warm gewesen, und so hatte ich das Fenster zu dem Zimmer, in dem der Sittich schlief, nur leicht angelehnt, in der Meinung, die Nachtluft werde eine angenehme Kühlung bewirken. Tatsächlich aber war schon am späten Abend Sturm aufgekommen. Das Fenster war von dem Wind aufgedrückt worden, und der Vogel war unversehens in die empfindliche Zugluft geraten. Als ich am Morgen die Decke von seinem Bauer aufhob, traf ich meinen Sittich in einem erbärmlichen Zustand. Krank und erschöpft hing er mit seinen Krällchen an einer der mittleren Querstangen des Käfigs und versuchte, sich zusätzlich mit Schnabel und Schwanz abzustützen. Schnell machte ich ihm ein Apfelstückchen fertig, doch nahm er davon keine Notiz. In diesem Moment wagte ich es. So behutsam wie möglich öffnete ich den Bauer und griff nach dem Vogel, löste die Umklammerung seiner Zehen an dem Drahtgitter und setzte ihn, der sich wehrlos und wie apathisch alles gefallen ließ, auf meine Hand. Die Wärme tat dem Tier sichtlich gut, denn sogleich drückte es selbst sich in meine Hand wie in ein Nest. Eine ganze Weile trug ich es so, mit der anderen Hand seine Flügel bedeckend. Endlich hatte es seine Höhle gefunden!

Von diesem Tag an gab es für den Sittich auf Erden keinen

schöneren Aufenthaltsort mehr, als auf meiner Hand zu sitzen. Seine Erkrankung war zum Glück nicht von langer Dauer, und bald schon begann er von seinem Käfig aus die Räumlichkeiten meiner Wohnung zu erkunden. Vor allem freiliegende Stromkabel galt es vor ihm in Sicherheit zu bringen, da er sich anstellig zeigte, mit ihren Gummi- und Plastikisolierungen ebenso zu verfahren wie vormals mit den Bleistiften. Am liebsten aber kam er, wie auf den Zweig eines wandelnden Baumes, auf meine Schulter geflogen, woselbst er mit stoischer Geduld und Gelassenheit ganze Stunden verbringen konnte. Ja, es kam dahin, daß er abends, wenn das Fernsehen eingeschaltet wurde, sich selber einfand und beharrlich darauf bestand, noch ein wenig in der Hand zu kuscheln, ehe er, schläfrig, sich bereitwillig zur Nachtruhe in den Käfig zurücksetzen ließ.

Alles, was diesem Tier jemals Angst gemacht hatte, war zu seinem eigenen Wunsche geworden. Es floh nicht mehr, es kam voller Zutrauen. Freilich, es hatte das Vertrauen gelernt nur erst um den Preis fast des Todes. Doch lernen wir Menschen es jemals leichter? Wohl immer erst, wenn es anders schon gar nicht mehr geht, fügsam durch Not weit eher als durch Vorsatz und Überzeugung, bergen auch wir uns schließlich dann doch in die Hand, die uns hält, statt uns, wie erwartet, bedrohlich zu sein.

Der Hund

Die Pader bei Paderborn ist, wie ein jeder dort weiß, der kürzeste Fluß in ganz Deutschland; zwei Kilometer lang, noch weiter reicht es nicht. Natürlich hat sich das Urteil gebildet, auch die Denkungsart der Bewohner der Stadt sei ähnlich beschränkt. Doch das ist ein Vorurteil. In Wirklichkeit ist es jedesmal eine Freude, durch die Paderauen vom Quellgebiet an, vorbei an dem Mühlrad, hinüberzuwandern zur Lippemündung. Weidenkätzchen und Trauerweiden, niedrige Haselbüsche und hohe Pappeln säumen den Weg, Holzbrücken überspannen den Fluß, in dem, wie seit Jahrtausenden wohl, die Forellen sichtbar am Grund in dem klaren Wasser der Strömung stehen, während in den Naturschutzgebieten an beiden Seiten des Flusses Rebhühner, Fischreiher, Bergstelzen und Wasseramseln brüten.

Es war gegen Mittag, selten nur kam ein Spaziergänger vorbei, da stand sie plötzlich vor mir: eine alte Frau, kleinwüchsig, hager, verkrüppelt, die Haare struppig, ihre schmächtige Gestalt eingehüllt in einen grauen Regenmantel, mit dem der warme Sonnenschein seinen Spott zu treiben schien, und sie schimpfte auf mich ein; das heißt nicht auf mich, – auf das Schicksal, auf die Menschen, auf die Welt. Ihren kleinen Hund, einen Dackel, hatte man mißhandelt! Ein fremder Hund, ein Terrier, war absichtlich auf das arme Tier scharf gemacht worden. «Immer sind es doch die kleinen, über die sie sich hermachen», klagte sie. «Dabei hat mein Hund doch gar nichts getan. Er ist nur einfach hier über die Wiese gelaufen. Und da kam er und hat ihn gebissen. Er hat richtig gejault vor Schmerzen. Wie kann man nur so böse sein. Ich habe den Mann gleich zur Rede gestellt, – er liebt diese Kampfhunde, und wissen Sie, was er gesagt hat? ‹Sie müssen halt besser auf ihren Pinscher aufpassen›, hat er gesagt. Mein Hund – ein Pinscher! Es gibt Menschen, kann ich Ihnen sagen – da traut man sich gar nicht mehr auf die Straße. Meinen Fiffi kann ich seitdem überhaupt nicht mehr mitnehmen zum Spazierengehen. Er tut mir so leid. Er ist immer so gern mitgegangen. Sobald er sieht, wie ich meinen Mantel nehme, steht er schon an der Tür und schnuppert zum Ausgang hin. Und jetzt muß ich allein gehen! Ich muß ihn zu Hause lassen. Dabei kläfft er so laut, und er hat auch ganz recht. ‹Besser aufpassen!› – Was fällt so einem Kerl denn nur ein! Anzeigen müßte man ihn, anzeigen! Aber die Polizei hat ja immer was anderes zu tun, und unsere Gerichte brauchen schon zwei Jahre, bis sie einen Mörder verurteilen. Für so einen kleinen Hund ist halt niemand zuständig. Eine Schande ist das, eine Schande.»

Was hatte ich nur getan, um dieses Gewitter auf mich zu lenken? Eigentlich nichts. Ich hatte sie lediglich im Vorübergang angeschaut, einen einzigen kurzen Augenblick lang, – das war genug gewesen, um ihr offenbar das Gefühl zu geben, in meinen Augen einer gewissen Aufmerksamkeit wert zu sein; und so brach es aus ihr heraus, ungehemmt, ungestüm, wie eine Wolke sich entlädt, wenn sie überschwer endlich abregnen darf. Wie allein mußte diese Frau sein, daß sie mit mir, einem vollkommen Fremden, unvermittelt in ein solches Gespräch eintrat! Sie und ihr Hund – das war eine in sich gänzlich geschlossene Welt. Mit ihrem Hund redete sie, dieses Tier war ihr Freund, ihr Gefährte, ihr Spielkamerad, ihr Gewissen, ihr besseres Ich. Wer diesem Tier etwas antat, beleidigte sie.

Unwillkürlich mußte ich mir vorstellen, wie ihr Hund wohl in Wirklichkeit aussah. Gewiß war er ebenso verdrossen und mißvergnügt wie sie selbst! Ein schwerfälliger, tapsiger Dackel würde es sein, vollkommen verwöhnt und überfüttert, eine wandelnde Wurst mit hängenden Lefzen, – kein Wunder, daß ein «ordentlicher» Hund bissig wurde, wenn er ihn auch nur sah. Und gewiß würde er die Welt so wenig verstehn wie sein Frauchen. Wirklich, eine Schicksalsgemeinschaft, die beiden.

15

Doch wenn es so war, was war daran lächerlich? War es im Grunde nicht wunderbar?

Auf den ersten Blick hatte ich diese Frau angesehen wie einen armen geprügelten Hund; und nun erzählte sie von diesem Tier. Von ihrem Leben wußte ich gar nichts, nur gerade so viel, daß sie in ihrem Hunde ganz offensichtlich sich selber darstellte. Dieses Tier wenigstens würde sie verstehen, wenn sie traurig und mißverstanden vom Einkauf aus der Stadt nach Hause zurückkehrte, und sie verstand ihren Hund, wenn er sich vor Freude auf den Rücken legte und sich mit selig verträumten Augen von ihr kraulen ließ. Er würde auf ihrem Schoß liegen, wenn sie des Abends Fernsehen guckte, und er würde im Körbchen neben ihrem Bett schlafen, sobald das Programm abgeschaltet wurde. Bei dem kleinsten verdächtigen Geräusch würde er sie des Nachts mit lautem Gebell aus dem Schlaf reißen; dann würde sie den Morgenmantel anziehen, auf den Balkon hinausgehen, um nachzuschauen, und schließlich mit beruhigender Stimme auf ihn einreden: «Es ist nichts, mein Fiffi, schlaf weiter. Bist ein braver Hund. Paßt so schön auf.» Und mit leisem Stöhnen würde sie sich wieder zu Bett legen. Was konnte diese Frau dazu, daß die Welt nicht das Paradies war, in dem allein sie das Leben vertragen hätte? Mit all ihrem verspäteten Gekeife war sie so hilflos und harmlos wie ihr Hundchen, wenn es nach überstandenem Schrecken dem bösen Terrier hinterdrein kläffte. Wenn den beiden zu helfen war, so nur, indem man sie wieder zusammenbrachte, und zwar in aller Öffentlichkeit, bei jedem künftigen neuen Spaziergang.

«Wissen Sie», sagte ich, «Sie haben vollkommen recht. Kein Mensch darf Ihren Dackel aus den Paderwiesen verbeißen. Er tut doch niemandem etwas zuleide. Wenn der freche Hund wiederkommt, leinen Sie den Fiffi ganz einfach an und gehen mutig ganz schnell vorüber. Wenn Ihr Dackel dann bellt, zeigt das nur, daß auch er tapfer sein kann. Nur daß er traurig zu Hause am Fenster sitzt und sich die Augen ausschaut, bis Sie zurückkommen, das ist doch nicht recht!»

16

Ich habe die beiden bis heute nicht wiedergesehen. Aber inzwischen stelle ich mir den Fiffi gar nicht mehr als bloßen Nachtwächter- und Sofahund vor. Sein Frauchen jedenfalls schritt mit ganz leuchtenden, beinahe stolz entschlossenen Augen davon. Die Stadt an der Pader ist gewiß in vielerlei Hinsicht nicht gerade groß zu nennen; doch überall gibt es Menschen, die über sich hinauszuwachsen vermögen, und größer als ein solcher Mensch kann der Größte nicht sein.

Das Täubchen

Alle hatten mich gewarnt: in Frankreich macht man im August keine Ferien, oder man muß ein halbes Jahr zuvor spätestens sein Hotel gebucht haben. Ich hatte es gehört, aber nicht darauf gehört. Nun mußte ich für meinen Leichtsinn büßen.

Der Tag war wunderschön gewesen. Es hatte mich in das bretonische Pont-Aven geführt, in jenes pittoreske Städtchen, das vor hundert Jahren Paul Gauguin berühmt gemacht hatte. Er war auf der Suche nach dem ursprünglichen Leben gewesen: einfache Bauernhäuser und Felder, die allmächtige Gegenwart der Natur, das Geheimnis von Liebe und Tod, Bewohner der Südsee, die in sich selbst ruhten – immer weiter hatte es ihn hinausgetrieben in die Welt.

Ich war den kleinen Fluß entlanggewandert, quer über mächtige Felsblöcke, vorbei an hortensienbestandenen Häusern, eingehüllt vom Schatten mächtiger Platanen; ich hatte das örtliche Museum besucht und mich verwundert, wie wenig von den Werken des größten Künstlers der Stadt es enthielt. Dieser Ort verdankte dem Wirken Gauguins seine Wirkung, und Gauguin verdankte diesem Orte die Inspiration seines Werkes, und doch war er allem Anschein nach niemals an dieser Stelle zu Hause gewesen. Der Wind hatte die Blätter seiner Gemälde in alle Welt verstreut und nur wenige von ihnen in Pont-Aven zurückgelassen. Wie ein Baum, der wohl Früchte geworfen, doch keine Wurzeln gefaßt hat, so war der Aufenthalt Paul Gauguins hier gewesen.

Gedankenverloren war ich weiter gefahren, fest entschlossen, in Lorient ein Hotel aufzutreiben. Lorient, «der Orient», – vor allem der Handel mit Südamerika war durch den Hafen dieser Stadt geflossen. Doch schön erschien mir die einst reiche

Stadt nicht; zudem war auch sie überfüllt; so blieb nichts anderes übrig, ich mußte weiter.

Es war gegen neun Uhr am Abend, als ich das kleine Quimperlé erreichte, einen Ort wie so viele in der Bretagne: ein Hügel, darauf ein paar hundert Häuser, errichtet in den grauen Steinquadern aus Basalt, mitten darin der Marktplatz, daneben unfehlbar die Kirche, dann noch ein paar Läden, das war alles. Nichts in Quimperlé wirkte besonders einladend, doch war ich so müde, daß ich darin nur allzu gern, wenn es eben ging, übernachtet hätte. Gleich über dem einzigen Restaurant an dem Marktplatz prangte die verheißungsvolle Überschrift «Hotel». Aber das Restaurant war geschlossen, und so etwas wie eine Hotel-Rezeption ließ sich nicht finden. Schließlich erreichte ich über den Seiteneingang ein rückwärtiges Eßzimmer. Dort hatte ich Glück. Ein junger Mann trat auf mich zu. Er überreichte mir einen Schlüssel, führte mich zwei knarrende Treppen empor und zeigte mir einen mit Blendläden verschlossenen Raum: ein Bett, ein Waschbecken, ein Schrank – mehr brauchte ich nicht. Ich hatte es geschafft.

Erleichtert öffnete ich das Fenster. Die Sonne ging eben unter und hüllte die schmale Gasse unterhalb des Fensters in lange Schatten. Nur der Schornstein des gegenüberliegenden Hauses erglänzte wie ein Helm aus Gold. Ein Eisenzaun umgab die Behausung mit einem Wall aus Spitzen, doch war nichts da, was als schützenswert hätte erscheinen können. In dem kärglichen Vorgarten wucherten verblühte Disteln, gelbes Franzosenkraut und violett schimmernde Weidenröschen; ein steinerner Pfad führte zur Haustür; die Scheibe war zerbrochen und notdürftig mit einer Zeitung verklebt. Der gelbe Postkasten an der Seite war zerbeult und verrostet, seit langem schon benutzte ihn niemand mehr. Und doch, im zweiten Stock war das Haus bewohnt. Das Fenster war leicht angelehnt, und dahinter bewegte sich eine menschliche Gestalt. Der Raum selbst lag im Dunkeln, ein Licht war nicht angezündet. Nur das regelmäßige Aufblaken eines schwachen Feuers verriet, daß in dem Zimmerwinkel eine Pfeife geraucht wurde. Schließlich trat ein Mann an das Fenster und stieß es weit auf. Er lehnte sich auf das Sims und blickte hinaus. Der Wind strich durch sein schlohweißes Haar; seine dunkelbraune faltige Haut umspannte zwei knochige Wangen; tief sog er durch seinen halbgeöffneten Mund die kühle Abendluft ein. Dann trat er in das Zimmer zurück und steckte das elektrische Licht an. Ein ungemachtes Bett und ein Korbstuhl wurden in seinem Schein sichtbar; auf dem Tisch am Fenster stand eine halb leergetrunkene Flasche Rotwein, daneben lag eine Stange Weißbrot. «Wie lange muß dieser Mann schon alleine sein», dachte ich; «bestimmt ist seine Frau schon vor Jahren verstorben, und er hat niemanden mehr, für den er sich sorgt.» Da kam gerade in diesem Moment ein Täubchen geflogen und setzte sich auf das Fenstersims. Mit seiner linken Hand streichelte der alte Mann es über sein graublaues Gefieder; dann hielt er ihm den Zeigefinger der rechten Hand wie eine Kletterstange entgegen, die Taube setzte sich darauf, und, sie ins Zimmer tragend, schloß er das Fenster hinter sich. Wenig später verlosch das Licht. Die Zeit zum Schlafen war angebrochen für diesen alten Mann und für seine Taube.

Mein erster Blick am anderen Morgen galt dem kleinen Zimmer gegenüber. Längst schon stand die Sonne am Himmel; doch das Fenster drüben war noch geschlossen. Er würde sehr spät aufstehen, der alte Mann, und nicht vor ihm auch seine Taube. Er würde ihren Schlafplatz mit einem Tuch verhängt haben, damit sie nicht zu früh erwachte. Irgendwann würde er sich erheben und sie aufwecken. Dann würde er ihr das Fenster öffnen und sie bis zum Abend ins Freie entlassen, und er selbst würde in seinem Zimmer sitzen und den ganzen Tag über auf sie warten. Das war sein Leben. Kein Weg schien mehr aus seiner Wohnung hinaus auf die Straße zu führen; doch sein Fenster barg ein letztes Stück Himmel in sich. Die Heimat, die er diesem gezähmten Täubchen bot, verschaffte ihm selbst noch ein wenig Zuhause. Was Paul Gauguin in dem sonnendurchfluteten Pont-Aven vor hundert Jahren vergeblich gesucht hatte: — dieser Mann in seinem dunklen abstellraumartigen Zimmer hatte es gefunden. Als ich eine Stunde darauf das kleine Quimperlé verließ, konnte ich ein leises Heimweh nicht unterdrücken.

Der Bonobo

Nie hatte ich ein Kinderzimmer gesehen wie dieses. Laura war etwa vier Jahre alt, und sie gab sich alle Mühe, mir vorzuführen, wie tüchtig sie spielte. «Das ist meine Lieblingspuppe», erklärte sie.

«Wie heißt denn Dein Liebling?» fragte ich.

Doch Laura gab keine Antwort. Sie schien die Frage nicht gehört, das heißt nicht verstanden zu haben.

«Siehst Du, sie kann sprechen», sagte sie. «Hier.» Sie schob das Kleidchen der Puppe am Rücken etwas auseinander und bewegte einen Schalter; nichts rührte sich. «Die Batterie ist leer», bemerkte sie mit einem Ausdruck sichtlichen Bedauerns. «Sie kann ‹Mama› sagen, und sie spricht ganze Sätze auf Englisch. Wenn ich in die Schule komme, werde ich auch Englisch sprechen.»

«Freust Du Dich schon auf die Schule?» Ich begriff Lauras Welt nicht, in der man erst eine Schule besuchen mußte, um in frühestens fünf Jahren die Sprache seiner eigenen Puppe zu verstehen. Doch das Mädchen hatte die Puppe bereits beiseite gelegt und führte als nächstes mir ein Feuerwehrauto vor – ferngesteuert sauste es zwischen den Beinen der Stühle hin und her, mal nach vorn, dann zur Seite, dann blieb es ruckhaft stehen, um alsbald wieder vorwärts zu rasen; absichtlich lenkte Laura es immer wieder mit höchstem Tempo gegen die gekachelte Unterkante der Wand. «Es geht nicht kaputt. Es hat eine Garantie. Es ist ein sehr teures Auto», sagte sie.

Soeben war ich versucht, mir Szenen auszudenken, in denen das Fahrzeug über den Kurfürstendamm raste, um irgendwo einen Brand zu löschen, da wurde ich in meinen Träumereien jäh unterbrochen. «Das sind Schildkröten», demonstrierte mir Laura. Sie griff in ein mit Wasserpflanzen reichlich besetztes

Aquarium, in dem etwa ein halbes Dutzend daumennagelkleiner Tiere umherschwammen, grün, mit roten Punkten, exotische Züchtungen. «Siehst Du, sie strampeln. Sie können richtig laufen.» Laura setzte das zappelnde Tier, das sie zwischen Daumen und Ziegefinger festhielt, auf den Teppich. Sie schien nicht zu wissen, daß Schildkröten für ihre Lebensweise ständig einen festen Untergrund benötigen; sie merkte auch nicht, daß sie ihre Schildkröte quälte. Sie hatte sie gern. Sie war vier Jahre alt, aber sie wußte nicht zwischen einem Spielzeug und einem Lebewesen zu unterscheiden; für sie war eine Schildkröte nur ein weiteres Instrument, um mir, einem beliebigen Fremden, zu zeigen, wie tüchtig sie spielte.

Laura war das Kind gutgestellter wohlmeinender Eltern, die ihr Bestes taten. Sie selber waren als Kinder in der Nachkriegszeit aufgewachsen; Spielzeug gab es damals noch nicht. Laura sollte es besser haben. Sie bekam alles, was sie sich wünschte. Aber was könnten die Wünsche eines Kindes sein, das alles bekommt, was ihm wünschenswert scheint?

Laura spielte nicht; sie warb eigentlich ständig um Aufmerksamkeit. Sie wollte gelobt und dafür anerkannt werden, daß sie so schön spielte, das war alles. In Wirklichkeit bedeuteten ihr all die vielen Gegenstände an den Wänden ihres Zimmers gar nichts. Sie wirkte wie ein fremdes Ding unter lauter fremden Dingen, fast emotionslos, fast verhaltensgestört, ein künstliches Wesen in einer künstlichen Wirklichkeit.

Armes, reiches Mädchen, dachte ich.

Eine kleine Begebenheit, die sich vor Jahren zugetragen hatte, tauchte vor mir auf: Im Primatenhaus des Frankfurter Zoos hält man eine Gruppe von Bonobos. An dem Nachmittag, da ich es betrat, wurde gerade ihr Gehege gereinigt, ein steinernes Gefängnis, in dem ein paar an Ketten aufgehängte Reifen und etwas Heu den Tieren die Erinnerung an die üppige Pracht des tropischen Regenwaldes ersetzen sollten. Abgestuft zu dem Gitter hin erstreckte sich ein mit bläulichen Fliesen belegter Fußboden, noch feucht von dem Aufnehmer, der vor kurzem säubernd darüber hingegangen sein mußte. Es war dies der Umstand, den einer der jungen Schimpansen sich zu Nutze zu machen wußte. Er hatte entdeckt, wie schlüpfrig der Boden unter seinen Füßen war. An der einen Seite der Wand stieß er sich mit behendem Schwung ab und schlinderte auf einem Fuß zu der gegenüberliegenden Wandseite hinüber, dann wieder umgekehrt, mit sichtlicher Freude. Elegant hob das Äffchen beim Schlindern jeweils das eine Bein, um ein Jungtier, das vor ihm am Boden hockte, nicht zu gefährden; ebenso possierlich wie rücksichtsvoll glitt es an ihm vorüber. Das ganze Wesen dieses Tieres sprühte vor Glück. Äußerlich hatte man ihm alles genommen und vorenthalten. Nie in seinem Leben hatte es die Wipfel eines der Urwaldriesen seiner Heimat gesehen, niemals auch nur in einem richtigen Nest aus Lianen und Zweigen geschlafen, niemals hatte es die feuchtwarme Luft des Äquators geatmet; in seiner lebenslänglichen Haft mußte ihm alles wie fremd und wie ungeeignet erscheinen. Und doch hatte es sich seinen Spieltrieb und seine Freude bewahrt. Sein Leben lang war es gewohnt, bei allem, was es tat, von Hunderten fremder Augenpaare bestaunt und begafft zu werden; aber das schien ihm nichts auszumachen. Bei allem, was es tat, ruhte es in sich selbst. Dieses Affenkind unternahm nichts, um seinen Betrachtern zu gefallen. Es genoß ganz einfach den kurzen Augenblick seines zufälligen Glücks. Die Treppen waren nicht geschrubbt worden, um sie zum Schlindern glitschig zu machen; in wenigen Minuten schon würden sie wieder trocken genug sein, um dem Spaß ein Ende zu setzen; doch bis dahin nutzte der junge Bonobo seine Chance. Hernach spielte er wieder mit seinen Geschwistern und Kameraden das übliche Fangen, Hüpfen und Purzelbaumschlagen, lauter Vergnügungen, die nichts weiter kosteten als die Lust am eigenenKörper und die Phantasie gemeinsamer Unterhaltung.

Uns Menschen, so sagt man, trennten von einem Schimpansen weniger als nur zwei Prozent des genetischen Codes; so nah stünden wir einander. «Das fehlende Glied zwischen Affe und

24

Mensch – sind wir selbst.» Diesen Satz aus den Wiener Vorlesungen von KONRAD LORENZ hat BERNHARD GRZIMEK an die Wand des Primatenhauses seines Zoologischen Gartens schreiben lassen. Gewiß, wir sind noch immer unterwegs nach uns selbst. Wie aber sollen wir jemals zu wirklichen Menschen werden, wenn wir selbst unsere Kinder dem Schönsten entfremden, was die Natur uns geschenkt hat: der Gabe, das Leben spielend zu lernen und es in Freude zu Ende zu spielen, gleichgültig, wie viel auf dem Weg man uns nimmt?

Die Orang Utan-Mutter

Stets wenn ich nach Berlin komme und die Zeit es irgend erlaubt, zieht es mich in den großen zoologischen Garten der Stadt. Nirgendwo sonst findet sich etwas Vergleichbares – eine solche Oase der Ruhe unmittelbar neben dem Gewühl und Gelärm des Straßenverkehrs, eine solche Vielfalt des Lebens, gerettet gerade noch aus den letzten verbliebenen Enklaven einer einst unerschöpflich scheinenden Natur, eine solche Idylle verschwenderischer Schönheit inmitten von Hochhausfassaden und Schnellbahnbrücken.

Zweieinhalb Stunden hatte ich noch zur Verfügung; die wollte ich nutzen.

Da saß ich also in der Ecke des Gartencafés, sah den Krickenten auf dem Teich zu und beobachtete das aufgeregte Spiel der Spatzen, die laut tschilpend als redliche Kumpanen ihr Gewohnheitsrecht auf Mitbeteiligung an allem Eßbaren einklagten. Ich gönnte es ihnen, was immer auch die Schützer des Artengleichgewichtes in städtischen Ballungsräumen dazu sagen mochten. Dies hier war ein Park der Erholung für alle.

So jedenfalls dachte ich gerade noch, als unversehens eine etwa zwanzigjährige Frau mit einem Kind an der Hand sich durch die Tischreihen zu einem schattigen Platz an der Seite des Bacharmes drängte. «*Du* bleibst jetzt hier», fuhr sie streng den Jungen an, «ich hole einen Kaffee.» – «Ich möchte ein Eis», quengelte der etwa Vierjährige. – «Nein, du hast schon eines gehabt; hinterher hast du wieder Bauchschmerzen und die Zähne tuen dir weh.» Energisch drückte sie ihn auf den erstbesten Stuhl. – «Ich will aber ein Eis haben», maulte der Junge. – «Du kriegst *keins*, hast du gehört», wiederholte sie. Ihre Stimme schrillte vor Wut, und die Bewegung ihrer ausgestreckten rechten Hand deutete an, was im nächsten Augenblick passieren würde. Der Junge begriff, daß er von seinem Eis kein Wort mehr verlauten lassen durfte; dafür fing er an zu weinen: er holte tief Luft, und dann strömte es aus ihm heraus, ein langes widerspenstiges Brüllen, bis seine Lungen leer waren, dann wieder: Einatmen – Brüllen, Einatmen – Brüllen. Außer sich vor Zorn schrie die Frau ihn jetzt an: «Du hörst sofort auf! Wir gehen nie wieder in den Zoo, wenn du so quengelst. Ich bin es leid. Hörst du: Ich bin es leid.» Tatsächlich unterdrückte der Junge auf der Stelle sein Weinen und schluckte nur noch stumm vor sich hin. Für dieses Mal hatte sie es geschafft. «Ein Glas *Limo*(nade) bring' ich dir mit», sagte sie wie erleichtert. Der Junge reagierte nicht mehr. Seufzend begab sie sich hinüber zur Restauration. Sie ahnte: Es würde weitergehen!

Dabei hatte dieser Tag offenbar so schön werden sollen. Eigens hatte sie sich die Zeit genommen, dem Kind die Tiere zu zeigen, und nun dieser Ärger! Sie war noch so jung, vielleicht alleinerziehend, und zweifellos meinte sie es gut mit ihrem Jungen. Selbst als sie mit ihm schimpfte, hatte sie ihr Nein noch zu begründen versucht. Man konnte sich vorstellen, wie sie die Nacht erlebt hatte, als der Junge tatsächlich Bauchweh bekam. Doch so schien das immer zu gehen: Sorgen, Schuldgefühle, Vorwürfe, Trotz, Gereiztheit, Schimpfen, – auf eine unglückselige Weise waren Mutter und Kind ineinander verklammert. Dieser Junge bedeutete für sie eine schwere Last; er stand ihrem Leben im Wege. Dann aber fühlte sie sich auch für ihn zuständig. Die kleine Szene verriet etwas Schicksalhaftes.

Beklommen setzte ich meinen Weg durch den zoologischen Garten fort und kam nach ein paar hundert Metern zum Affenhaus. Was ich dort sah, setzte mich in Erstaunen. Niemals zuvor hatte ich miterlebt, wie eine Orang Utan-Mutter mit einem Jungen umgeht. Hier im Berliner Zoo aber war vor sechs Monaten Nachwuchs angekommen. Man hatte das Weibchen mit ihrem Kleinen von den anderen Tieren getrennt. Sein Gehäuse war (wie leider üblich) ärmlicher eingerichtet als eine Gefängniszelle. Nicht einmal ein paar Zweige, einen Baum oder gar ein richtiges Nest im Laubdach eines der Urwaldriesen hatte die Orang Utan-Mutter dem Kinde zu bieten.

Was aber tat sie?

Wie eine Matte aus rotbrauner Seide lag sie auf dem Kachelboden ihres Geheges ausgebreitet und hielt das Junge zwischen ihren beiden Armen wie an einer Schaukel in die Höhe. Mit sichtlichem Vergnügen schwang das Kleine sich hin und her, ließ sich auf den Bauch und die Brust seiner Mutter fallen, hüpfte darauf mit federnden Sprüngen herum und wartete, immer von neuem in die Höhe gehoben zu werden. Dann wieder probte es ein harmloses Fangenspiel: Es steckte seinen Finger in das Ohr seiner Mutter, sprang wie in Erwartung sicherer Strafe zur Seite und genoß es um so mehr, mit einer langsamen Bewegung des Arms von ihr wieder zurückgeholt zu werden. Oder es setzte sich mit dem Hinterteil geradewegs auf ihr Gesicht, erforschte mit seinen kleinen Händen ihre Nase, ihre Stirn und wußte doch, daß es nichts tun konnte, was seine Mutter zu erzürnen vermocht hätte.

Eine unerhörte Friedfertigkeit und Sicherheit ging von dem Anblick dieser beiden Tiere aus.

Auch sie gehörten zusammen; auch sie bildeten eine Schicksalsgemeinschaft. Doch wie anders stand es um sie als mit jener Frau und dem Kind vor dem Restaurant! Diese Orang Utan-Mutter versuchte nicht, ihr Junges zu erziehen; sie wollte nichts für dieses Kind, noch wollte sie etwas von diesem Kind; sie fühlte sich ihm gegenüber weder verantwortlich noch schuldig. Sie war nur einfach da. Und das genügte. Ihr Junges hatte keine Angst. Es brauchte um ihre Gunst nicht zu kämpfen. Es meldete nicht ersatzweise immer neue Wünsche an, nur um sich ihrer Aufmerksamkeit zu versichern. Für diese beiden Orang Utans war das Leben ein ruhiges heiteres Spiel, eine unaufgeregte Weise des Daseins, eingebettet in eine unerschütterliche, behäbige Sicherheit.

Was, fragte ich mich, ist es nur mit uns Menschen, daß wir in all dem Wirrwarr und Durcheinander, in das man uns treibt, tatsächlich in die Gefahr kommen, die kreatürliche Weisheit eines solchen Orang Utan-Weibchens aus den Augen zu verlieren: Je weniger wir machen und je mehr wir einfach nur sind, beruhigt sich die Welt, und die meisten Probleme, die wir miteinander haben, verschwinden wie von selber.

Die Eichhörnchen

*D*er Friedhof von Montreal fiel mir ein, als sie, ich weiß
nicht, wie oft schon, ihr Leben erzählte.

Als Kind bereits hatte sie unter der Scheuermannschen
Krankheit gelitten, ihr Rückgrat war verwachsen, ihre ganze
Schönheit ruhte in der seelenvollen Trauer ihrer Augen. Alles
erzählte sie so, wie ich es oft schon aus ihrem Munde gehört
hatte: Mit drei Jahren hatte ihre Mutter sie in ein Krankenhaus
gegeben, ein halbes Jahr lang hatte sie im Gipsbett gelegen, und
ihre Mutter hatte nur zu ihr gesagt: «Es ist gut für dich», sie
aber hatte dabei gelernt, daß es nichts Schlimmeres gibt, als
von den Wohltaten anderer Menschen abhängig zu sein. Was
ist da Wohltat, was Folter? Niemand hatte ihr je die Verzweif-
lung auch ihrer Mutter zu erklären vermocht, die auf den Rat
verschiedener Ärzte hin wohl wirklich geglaubt hatte, die Ver-
wachsungen des Rückens ihrer Tochter mit orthopädischen
Mitteln unterdrücken zu können. Seither hatte ihre Seele sich
gefühlt wie ein Vöglein, das man in einem immer enger werdenden Käfig gefangen hält: – angstvoll schlug es mit seinen
Flügeln gegen die Gitterstäbe seines Kerkers und wußte doch,
daß es sich damit nur selber verletzte. Der Schmerz aber gab ihr
wenigstens ein Empfinden, zu existieren. Sie sehnte sich nach
der Nähe von Menschen, und sie fürchtete sich vor der Nähe
von Menschen.

Das alles glaubte ich schon zu kennen. Jetzt aber nahm das
Gespräch eine überraschende Wendung.

«Ich glaube, ich fürchte mich, glücklich zu sein.» Sie sagte es
so tonlos, wie eine Nachrichtensprecherin die Wasserstands-
meldungen für die deutsche Binnenschiffahrt durchgibt.
Glücklich? Das Wort hatte ich noch niemals von ihr gehört.

«Sie meinen, die anderen könnten Ihnen übel nehmen,

wenn es Ihnen gut geht?» Ich bewegte mich in einem Terrain, in dem ich auf Mutmaßungen angewiesen war. Tatsächlich war sie seit geraumer Weile «frühberentet» worden; es war das erste Mal in ihrem Leben, daß ein Tag nach dem anderen ihr gehörte; sie fühlte sich erleichtert, aber auch unausgefüllt.

«Ich meine», erklärte sie stotternd, «ich habe Angst, glücklich zu sein.»

Das hatte sie doch gerade eben noch auch schon gesagt. Wie sollte ich daraus schlau werden?

«Was ist das für Sie: glücklich zu sein?» Vielleicht hatte sie etwas Bestimmtes erlebt?

«Ich wohne am Rand einer kleinen Allee. Dort halten sich Eichhörnchen auf», erklärte sie in ihrer langsamen, schleppenden Sprache.

«Und diese Eichhörnchen – die machen Sie glücklich, wenn Sie ihnen zuschauen?» Ich muß ziemlich verwirrt dreingeschaut haben, als ich das sagte, denn sie bequemte sich zu einem Lächeln.

«Jeden Morgen kommen sie zu mir», flüsterte sie beinahe; offenbar verriet sie mir soeben ihr kostbarstes Geheimnis. «Wenn ich morgens das Fenster öffne, warten sie schon. Sie huschen herein. Sie sind ganz zutraulich. Sie laufen mir sogar auf die Knie. Ich halte ihnen ein paar Haselnüsse hin und sie setzen sich zu mir, nehmen sie zwischen die Pfoten und fangen an, die Nüsse zu essen, eine nach der anderen. Sie haben überhaupt keine Angst mehr.»

«Aber Sie haben immer noch Angst vor anderen Menschen...»

Sie fing an zu weinen. Ich sagte nichts weiter. Es war so deutlich, was sie empfand. Ein Eichhörnchen zu sein, das sich füttern ließ, ein einfaches Tierchen, das umhersprang und keine Scheu mehr empfand, das Leben zu genießen, statt es zu fürchten... Die Eichhörnchen hatten gelernt, was ihr noch bevorstand: Angst zu überwinden durch Zutraulichkeit.

Damals in Montreal hatte der «Globe» gerade gespottet:

«Repeat after me: squirrels are wild-life, but rats are pests.» In einer munteren Karikatur war dort die Ähnlichkeit zwischen den gar nicht so weit voneinander entfernten Nagern «bewiesen» worden. Was war das nur für eine Welt, in der Meisen zutraulich, Spatzen aber frech sind, oder eben: Eichhörnchen süß, Ratten hingegen ekelhaft? Seit wann haben Tiere ein Recht, nur dann zu existieren, wenn es uns Menschen genehm ist? Und geht es unter den Menschen nicht gerade so weiter? Diese Frau hatte ihr Leben lang sich gefühlt wie eine Ratte; ihren eigenen Angehörigen war sie zu viel gewesen; ihnen war sie unerwünscht, lästig, schlechterdings hinderlich vorgekommen. Wie aber, wenn sie nun ihre Angst überwand? Wie, wenn sie vom Untier zum Hätscheltier würde, wenn sie vom Ungeziefer sich in eine schätzenswerte Frau und Persönlichkeit wandelte?

So etwas wie der Friedhof in Montreal ist in der Alten Welt völlig undenkbar. Ganze Stadtviertel von Paris, Wien oder Lissabon sind der ewigen Ruhe der «von uns Gegangenen» gewidmet. Doch nirgendwo ist man jemals auf die Idee gekommen, eine Begräbnisstätte als Drive-in zu konstruieren. In der kanadischen Metropole gilt derlei nicht für despektierlich. Im Gegenteil. Man gönnt den Toten ihren Frieden im schattigen Hain hochragender Bäume, und um die Natur zu erhalten, mit der sie, sterbend, sich wieder vermählen, gilt gerade das Areal eines Friedhofs als eine Art Naturschutzgebiet. Es sind vor allem die Eichhörnchen, die davon zu profitieren wissen. Grau, nicht braun-rot, wie bei uns, sind sie drüben, diese ebenso zutraulichen wie zudringlichen Bewohner jedes Stadtparks.

Soeben erst hatte der Winter eingesetzt, als ich den langen Weg durch die Gräberreihen zu Montreals schönstem Aussichtspunkt emporstieg. Noch lag kein Schnee, es war nur schon sehr kalt geworden. Alle paar Meter kamen sie zwischen dem Herbstlaub am Straßenrand auf mich zugelaufen. Diese kaum fünfundzwanzig Zentimeter großen Kerlchen setzten sich vor mich auf die Straße, falteten ihre Vorderpfoten über dem Bäuchlein und schauten mich herausfordernd an: «Wenn du schon hier bist,» schien ein jedes der Eichhörnchen begehrlich zu sagen, «was hast du mir mitgebracht?»

Es war ein Weg, der mitten zwischen den Gräbern entlangführte, doch gesäumt war er von diesen unverwüstlichen Zeugen eines gezähmten Vertrauens. Da wartet in unserem Leben schon um die Ecke der Tod, diese Tiere aber bettelten mit all ihrer Keckheit um Nahrung. Sie überließen sich einfach dem Leben. Sie fürchteten nichts mehr. Sie hofften alles. Sie hatten die Angst überwunden. Sie waren glücklich.

Die Saatkrähen

*E*in zauberhafter stiller Winterabend beendete, wie zur Belohnung, die Mühe eines äußerst aufgeregten Tages.

Seit einer Woche bereits diskutierte alle Welt den Brief, in dem der römische Papst die deutschen Bischöfe aufforderte, in ihren Beratungsstellen Frauen keine Scheine mehr auszustellen, die zu einer straffreien Abtreibung berechtigten. Mit Spannung erwartete man für diesen Tag die Antwort der siebenundzwanzig geistlichen Würdenträger der katholischen Kirche, die in einem Kloster bei Würzburg sich versammelt hatten: Würden sie in ihrem Gehorsam die päpstliche Bitte als Befehl verstehen, oder würden sie widerstehen aus Verantwortung für ihre Gläubigen? Nun war es heraus: Vor laufenden Kameras hatte am Morgen der Vorsitzende der deutschen Bischofskonferenz erklärt, sie alle, einstimmig, hätten sich der Auffassung ihres Oberhirten gefügt, aus Überzeugung, versteht sich, in Dankbarkeit für seine wegweisenden Worte, natürlich. Seitdem hatten die Anfragen nicht aufgehört: Welche Auswirkungen würde die Entscheidung auf das Verhältnis von Staat und Kirche haben? Würden nicht viele Frauen eine Beratung ohne Schein als bloße Scheinberatung empfinden? Und wie würde man in Zukunft eine Seelsorge aufnehmen, die den Frauen nicht zutraute, in einer Notlage selber verantwortlich zu entscheiden? Rundfunkstationen, Zeitungen, Fernsehanstalten – alle möglichen Medien baten um Kommentare, Erklärungen, Analysen, Einschätzungen... Endlich gegen 18 Uhr legte sich der Wirbel, wenigstens für diesmal.

Am westlichen Stadtausgang von Paderborn mündet der kleine Fluß, welcher der Stadt den Namen gibt, in einen flachen See. Obwohl erst in den achtziger Jahren aufgestaut, haben ihn inzwischen zahlreiche Möwen, Schwäne und Bläßrallen als ihren Siedlungsraum angenommen. Ein teilweise gepflasterter Rundwanderweg führt am Ufer entlang, der sommertags vielen Spaziergängern als Ausflugsziel dient. An diesem Winterabend fand ich ihn menschenleer. Die Dämmerung hatte begonnen. Mattblau spiegelte sich der Himmel in dem still daliegenden See. Nur das langgezogene Wolkenband eines Kondensstreifens glitzerte in den Strahlen der untergehenden Sonne. In filigranen Mustern hoben die kahlen Zweige der Pappeln sich wie graue Scherenschnittfiguren gegen den dunkelnden Horizont ab. Die Straßenlaternen warfen ihr gelbliches Licht in langen Bändern über das Wasser, parallel zu dem Widerschein der Lampions eines gegenüberliegenden Bistros, hinter dessen Glaswänden noch die Kerzen der Weihnachtsbeleuchtung erstrahlten. Einzelne Eiskristalle funkelten, je nach dem Lichteinfall, geheimnisvoll auf den Spitzen der Stauden und Gräser. An den Uferrändern bereiteten die Enten und Wasserhühner sich auf ihr Nachtlager vor.

Als ich den Blick wieder aufhob und zu den Bäumen hinüberschweifen ließ, sah ich sie. Die ganze Zeit über mußten sie bereits am Himmel gewesen sein, doch erst jetzt bemerkte ich diese zwei, drei Dunkelwolken aus Tausenden schwarzer Punkte, die sich immer von neuem zusammenballten, wie eine Welle an einer unsichtbaren Mauer zurückbrachen, sich wieder auflösten und sich zerteilten, um dann aufs neue ineinander zu schwingen, sich um ein magisches Zentrum zu sammeln und dann erneut wie Ringe, die ein fallender Stein ins Wasser zeichnet, auseinanderzustreben. Krähen, immer neue Züge von Krähen kamen herbei; von weiterher, aus einem Gebiet von vielen Quadratkilometern, versammelten diese Tiere sich zu einem einzigen großen Schwarm, so, als wollten sie in diesen Tagen der Kälte wenigstens vor dem Einschlafen noch genießerisch sich der Größe und der Unvergänglichkeit ihrer eigenen Art versichern. Plötzlich, mit einem Mal, warf ein Teil des Schwarms sich in die Spitzen einer Reihe von Pappeln, regnete über sie ab und umkleidete sie wie mit einem Fächer aus Blät-

tern. Andere Wellen des Schwarms folgten dem Beispiel. Fast
schon trat etwas Ruhe ein, das Gelärm wurde leiser, und einen
Augenblick lang schien es, als hätten die Tiere die Schlafbäume
für ihre Nachtruhe gefunden. Doch war ihre Unruhe noch viel
zu groß. Nach wenigen Minuten schon flatterte ein Pulk der
Tiere wieder auf, der größere Teile des Schwarms zögerte, dann
erhob sich auch er, wie von einem Pistolenschuß getrieben,
und erneut malte dieses hin- und herschwingende Wellenmu-
ster der Vögel sich an den Himmel.

Welch eine Lust mochten diese Tiere an einer solchen Or-
chestrierung ihres Daseins empfinden? Mit welch einer Leich-
tigkeit schwebten sie, die am Boden als einzelne oft so schwer-
fällig wirkten, als Schwarmwolken hier am Nachthimmel hin?
Wer eigentlich war ihr Kapellmeister, der sie lenkte und ihnen
Rhythmus und Richtung vorgab? Wer verhinderte, daß sie zu
Haufen sich zusammenballten und in ihrem Sammelflug sich
gegenseitig verletzten? Wie orientierten die Vögel sich inner-
halb solch riesiger Verbände? Und wer sagte ihnen, auf welchen
der Bäume sie schließlich für die Nacht sich niederlassen
sollten?

Alles, so schien es, verlangte nach einem ordnenden Zentrum, einer allen gemeinsamen Führung; so viel an Ordnung
mußte doch von irgend jemandem geplant und gestaltet
werden! Aber genau das konnte nicht der Fall sein. Keines der
Tiere kommandierte als Leittier ein anderes. Ihr Schwarmver-
halten hatte nichts zu tun mit der hierarchischen Staffelung einer Kette von Wildgänsen oder Kranichen. Es organisierte sich
selbst. Aber wie?

Die Antwort auf diese Frage hatte ich vor längerer Zeit einmal in einem Buch über künstliche Lebensformen gefunden;
im Grunde waren es nur drei einfache Regeln:

Halte einen Mindestabstand zu den anderen um dich
    herum.

Versuche, deine Geschwindigkeit den anderen in deiner un-
    mittelbaren Umgebung anzupassen.

Und: Halte deine Position in der Nähe des Orts, wo du in deiner Umgebung die meisten der anderen wahrgenommen hast.

Hinzugefügt werden mußte nur noch eine Richtungsangabe, in welche der ganze Schwarm sich orientieren sollte. Mehr an Regeln zum Verständnis dieser komplexen Bewegungsmuster war absolut nicht nötig. In einen Computer eingegeben, ließen sich Bewegungsabläufe erzeugen, die exakt dem Verhalten der Krähen entsprachen.

Ein oberster Gesetzgeber war durchaus entbehrlich! Die Ordnung des Lebens entstand durch eine Summe von Reaktionen auf lokale Ereignisse! Die vielen Tausende von Krähen fanden ihre Schlafbäume ohne irgendeine Weisung von außen! Allen Rundfunkstationen, Zeitungen und Fernsehanstalten hätte ich diese Geschichte erzählen mögen. So organisiert sich das Leben. Ein päpstliches Schreiben ist vollkommen überflüssig. Es stört nur die Ordnung, die sich allerorten bildet.

Am Himmel waren die Sterne aufgezogen. Es war in den Tagen des Neumonds. Nichts überstrahlte diese funkelnden Lichtkristalle am Firmament, deren Licht um so vieles älter war als die ganze Menschheit. Über der Silhouette des Doms hatte sich machtvoll der Orion erhoben. Nacht für Nacht, erzählt die griechische Sage, jagt er die sieben Taubenjungfrauen, die in Gestalt des Kugelsternhaufens der Plejaden rechts über ihm stehen. Doch immer vergebens. Er wird sie niemals erreichen.

Die Hundeflöhe

Gespräche gibt es, die allem Anschein nach gar nicht zustande kommen dürfen, obwohl sie doch dringlich erbeten wurden und obwohl sie im Grunde dringend erforderlich sind. In solch ein Nicht-Gespräch war ich gerade verwickelt.

Sie saß da und schaute nur stumm vor sich hin, unfähig, von sich her etwas zu sagen oder auf irgendeine Frage zu antworten. Schwarze schulterlange Locken umrahmten ihr blasses, faltenloses Gesicht, ein dunkelblauer Pullover umspannte ihre schmalen Schultern und ihre flache Brust, über die eine Kette aus Rosenquarz herabhing, ihre Hände lagen gefaltet in ihrem Schoß und verklammerten sich immer wieder ineinander, als wenn sie von Mal zu Mal die Worte verpressen müßte, die vielleicht doch über ihre dünnen, leicht geschwungenen Lippen hätten kommen können.

«Manchmal blockiert ein Gespräch, weil man etwas sagen möchte, das einem peinlich ist», versuchte ich das quälende Schweigen zu unterbrechen. Sie schaute mich dankbar und flehentlich an, doch sagte sie weiter kein Wort.

«Hat es vielleicht etwas mit mir zu tun?» riet ich weiter drauflos, «bestimmte Erwartungen oder Wünsche, die Sie sagen möchten, aber zu sagen sich fürchten?» Diesmal erntete ich gar keine Reaktion mehr, nicht einmal eine Kopfbewegung. Dabei konnte ich mir durchaus vorstellen, was in ihr vor sich ging, nur worum es ging, wußte ich nicht. Vor längerer Zeit schon hatte sie mir erzählt, wie sie an der Seite ihrer Mutter hatte aufwachsen müssen: Alles war dieser Frau zu viel gewesen. Ihr Mann war im Krieg geblieben. Sie selbst stand allein mit ihrer damals gerade fünf Jahre alten Tochter, und nur mühsam war es ihr gelungen, sich und das Kind mit Hilfsarbeiten als Putzfrau oder Wäscherin über Wasser zu halten.

«Wenn ich meine Mutter nach etwas hätte fragen wollen, wurde alles nur verkehrt», hatte die Patientin im Rückblick auf die Zeit ihrer Kindheit mir einmal anvertraut. «Ich durfte Mutter um nichts bitten. Denn ich fiel ihr mit allem nur lästig. Eigentlich hätte sie mir wohl jeden Wunsch nach Möglichkeit erfüllt, sie meinte es nicht böse, aber sie hätte es getan mit einem vorwurfsvollen Gesicht, im Grunde hätte sie es nicht gewollt, und ich hätte die Schuld gehabt.»

«Lieber also haben Sie gar nichts gesagt, und zwar gerade dann nicht, wenn es am wichtigsten war», hatte ich geantwortet. Damals zum ersten Mal hatte ich ihre auffällige Schwierigkeit, von sich zu reden oder gar Wünsche zu äußern, ein wenig verstanden. Jetzt aber half mir auch das nicht weiter.

«Ich nehme an, es handelt sich für Sie um etwas besonders Wichtiges, und gerade deshalb haben Sie Angst, es zu sagen», versuchte ich es noch einmal. «Vielleicht haben Sie Angst, enttäuscht zu werden, wenn Sie es sagen.» Wieder keine Reaktion. Das einzige, was mir blieb, sie aus ihrer Verkrampfung zu lösen, war die Möglichkeit, sie mit einer kleinen Geschichte abzulenken. Also erzählte ich ihr, was eine Frau mir vor ein paar Wochen von ihrem Hund mitgeteilt hatte.

Sie besaß einen tibetanischen Hirtenhund und hatte mir schwärmerisch alle seine Vorzüge geschildert: «Wenn Sie jemals einen Hund haben möchten, dann so einen», hatte sie mir ans Herz gelegt. «Es ist ein so treues Tier, wirklich ein Hirtenhund. Immer paßt er auf und versucht, beim Spazierengehen alle zusammenzuhalten. Erst läuft er einen ganz großen Bogen, um das Gelände zu erkunden, und dann lockt er vor allem meine Tochter, die erst sechs Jahre alt ist und oft nicht so schnell mitkommt, hinter sich her. Dieses Mädchen mag er besonders gern, viel lieber als den älteren Jungen oder meinen Mann. Wenn die Inge zurückbleibt, legt er sich am Wegrand zu ihren Füßen, springt wieder auf, läuft ihr voran, wie um ein gutes Beispiel zu geben, und dann springt er so lustig drein, daß alle lachen müssen und das Mädchen jegliche Müdigkeit ablegt. Oder er rennt in großen Kreisen um uns herum, wie wenn wir die Herde wären, die er zusammenhalten will. Und er versteht jedes Wort. Ich brauche nur zu sagen: ‹Spazierengehen›, dann legt er gleich den Kopf zur Seite und schaut mich ganz bittend an. Sie können sich seine Freude nicht vorstellen, wenn ich ihm bestätigend zunicke. Spazierengehen – das ist sein Hundehimmel. Spazierengehen und das Frühstück! Wenn ich mich morgens auch nur ein wenig verspäte, kommt er schon selber in die Küche, trägt sein Plastikschälchen im Maul und stellt es mir demonstrativ vor die Füße. Vor einer Weile mußte ich mit ihm zum Tierarzt, und der sagte auch: ‹Es fehlt nur noch, daß er sprechen kann!›»

«Was hat er denn gehabt?» hatte ich sie gefragt.

«Nichts Schlimmes», erklärte sie, «er muß sich beim Laufen im Wald oder beim Spielen mit anderen Hunden ein paar Flöhe eingefangen haben, und ich fürchtete zudem, er könnte einen Zeckenbiß bekommen haben. Er hat so lange weiche Haare, und es ist schwer, sie richtig sauber zu halten. Wenn ich ihn abdusche, läßt er es sich noch gefallen. Aber dieser Besuch beim Arzt hatte eine sonderbare Folge: Der Doktor hatte sein zottiges Fell mit einem Kamm gereinigt, und das muß ihm wohl weh getan haben, der Doktor hat es auch wohl zu unachtsam oder zu schnell gemacht; jedenfalls, wenn ich jetzt mit einem Kamm komme und sage: ‹Sally›, dann braucht sie nur den Kamm zu sehen, und schon verschwindet sie unter dem Sofa, so daß es ganz schwer wird, sie darunter hervorzuholen. Wenn ich sie dann auf dem Schoß habe, jault sie herum, aber fügt sich dann doch; ich mache es aber auch immer sehr vorsichtig.»

Diese Geschichte fiel mir ein, weil sie mich ein wenig an die Situation jetzt erinnerte. Eigentlich hätte die Hündin selber ein Interesse haben sollen, von den lästigen Flöhen gereinigt zu werden; dann aber hatte sie erlebt, daß ihr sogar im Beisein ihres Frauchens, dem sie doch bedingungslos vertraute, wehgetan wurde. Sie hatte eine schwere Kränkung und Enttäuschung er-

40

litten, und so hatte sie sich das Instrument und den Vorgang, bei dem ihr Schmerz zugefügt worden war, ein für allemal gemerkt. Nie wieder! das war ihr Entschluß gewesen, als sie die Praxis dieses Tierarztes verlassen hatte. Dabei begriff sie nicht, daß sie mit der Lektion, die sie aus dem Vorfall gezogen hatte, sich in gewissem Sinne in ein Dilemma hineinmanövrierte: Wenn sie bei ihrer Angst vor dem Kamm blieb und sich weiterhin unter dem Sofa verkroch, riskierte sie, daß sich immer mehr Flöhe in ihrem Fell einnisteten und sich darin sogar vermehrten. Die Freude eines parasitenfreien Hundelebens setzte voraus, daß sie die Angst vor dem Schmerz überwand und ihrer Herrin zutraute, was sie im Grunde doch von ihr wußte: bei allem Unangenehmen würde sie von ihr niemals gequält werden!

Und nun diese Frau, die da seit einer halben Stunde schon stumm in Angst verkrampft vor mir saß! Was immer sie auf dem Herzen hatte, sie würde es nur loswerden können, wenn sie die Angst vor Enttäuschung, Zurückweisung oder Ablehnung überwand und es wagte, sich mitzuteilen. Es war nicht nötig, ihr die Geschichte von der Frau und dem Hund zu erklären. Ein flüchtiges Lächeln huschte über ihr Gesicht, als ich sie erzählte. Dann sagte sie: «Ich wollte Sie bitten, noch einmal einen neuen Termin auszumachen; wenn es geht, nicht ganz so spät wie diesmal.»

Auch ich mußte jetzt lachen. Erleichtert versprach ich ihr den nächst besten Termin in meinem Kalender.

Die Katze

Wie oft sagen wir etwas, dessen Bedeutung für uns selber wir geflissentlich übersehen! Wie oft stehen wir Problemen gegenüber, die längst gelöst sein könnten, nähmen wir unsere eigenen Erinnerungen genügend ernst!

«Ich weiß nicht, wie ich an meine Frau herankommen kann.» Er sagte es frustriert und verärgert. «Ich kann machen, was ich will. Sie steht da, und alles, was ich tue, ist für sie nicht gut genug.»

«Können Sie ein Beispiel dafür geben?» fragte ich.

«Ach, das ist ja immer so», beteuerte er. «Ich habe versucht, sie auf Händen zu tragen, doch sie will immer was anderes. Am Anfang unserer Ehe haben wir gespart und gearbeitet wie die Wilden, um unser Haus zu bauen. Es ist ein schönes Haus geworden, die Hypotheken sind in zwölf Jahren abgetragen. Sie aber sagt, am liebsten wolle sie ausziehen; sie wolle noch einmal ganz von vorne beginnen. – Zu Weihnachten habe ich ihr Geld gegeben, damit sie sich etwas Schönes kaufen kann – ein Kleid, einen Ring, eine neue Kücheneinrichtung; sie wußte damit nichts anzufangen; ich habe gewartet bis zu den Feiertagen – nichts! Ich glaube, sie hat das Geld immer noch. – Urlaub im letzten Jahr! Einen Prospekt nach dem anderen habe ich ihr mitgebracht – alles umsonst. Am Ende schlug sie vor, wir sollten zu Hause bleiben, wir könnten dann ja Tagesausflüge ins Sauerland oder in die Heide unternehmen. Manchmal habe ich den Eindruck, daß sie mich absichtlich quälen will, daß sie mich haßt. Irgendwie bin ich ihr wohl nicht gut genug.»

«Sie möchten das einmal erleben: endlich für jemanden gut genug zu sein, nicht wahr?» Ich versuchte, ein Muster in seinem Erleben zu finden. «Könnte es sein, daß Sie unter diesem Gefühl schon als Kind gelitten haben – nicht gut genug zu sein?»

Ja, natürlich war das so gewesen. Seine Mutter hatte ihn als uneheliches Kind zur Welt gebracht – «wie die Dorfmoral in Bayern so ist», meinte er bitter. «Alles, was mit Sexualität und Liebe zu tun hat, ist verpönt, Aufklärung gibt es keine, Empfängnisverhütung ist Sünde, und wenn es dann so weit ist, zerreißen sich alle die Mäuler; die Frauen müssen so viele Kinder werfen, wie sie können; was dann daraus wird, dafür sorgt die Muttergottes. So ähnlich bin ich zur Welt gekommen. Nur daß meine Mutter ihren Stolz hatte. Sie wollte sich für mich nicht schämen.»

«Das heißt, Sie mußten ihr Schmuckstück, so etwas wie ihr Alibi sein?»

«Ja, ich durfte niemals etwas falsch machen.»

Da schämte eine Frau sich für den «Fehltritt» ihrer verlorenen Liebe und setzte alles daran, ein «ordentliches» Kind heranzuziehen; mit all ihren Bemühungen aber verleugnete sie, so gut es ging, die bittere Tatsache, daß sie unter den gegebenen Bedingungen beim besten Willen ihr Kind nicht lieben konnte; die Anerkennung ihres Jungen blieb etwas Leistungsgebundenes, etwas Bedingungsweises. «Ich werde geliebt nicht für das, was ich bin, allenfalls für das, was ich tue.» Diese Lektion hatte sich sehr früh schon in die Seele dieses Mannes eingefressen, und auch jetzt noch, dreißig Jahre danach, ging er offenbar mit seiner Frau immer noch so um wie damals mit seiner Mutter. Aber natürlich war seine Frau nicht seine Mutter. *Sie* hatte eine eigene Geschichte hinter sich, die damit begann, daß sie als Mädchen in extremer Weise unter ihrem alkoholkranken Vater gelitten hatte. Ich stellte mir vor, mit wieviel Angst diese Frau als Kind aufgewachsen war: – in welchem Zustand würde der Vater am Abend oder spät in der Nacht nach Hause zurückkehren? Was würde passieren, wenn er wieder die sinnlose Wut seines mißlungenen Lebens in wilder Zerstörungssucht an seinen Angehörigen oder an der Wohnungseinrichtung ausließ?

Was diese Frau sich wünschte, war ganz gewiß nicht ein

43

Mann, der immer noch mehr für sie tat, nur um ihr in jähen Zornesausbrüchen vorzuwerfen, wie undankbar und hochmütig sie sei. Spaziergänge in der Heide – darunter verstand sie wohl ein einfaches Zusammensein, ein paar gute Worte auf einer Parkbank, ein ruhiges Kuscheln am Abend und das Gefühl, daß in absehbarer Zeit nichts Aufregendes passieren würde. Einfach dazusein – das aber war es gerade, was dieser Mann nie gelernt, nie gedurft hatte; *seine* Erfahrung hatte darin bestanden, einzig für das, was er an Erfolg und Leistung nach Hause brachte, gemocht und anerkannt zu werden. So viel stand fest: Er war längst «gut genug», wenn er nur erst ein gewisses Genügen an sich selbst finden würde. So aber drehte er sich in einem ständigen Teufelskreis, indem die vermeintliche oder wirkliche Unzufriedenheit seiner Frau ihn immer wieder zu noch größeren Anstrengungen anspornte; dabei war es wohl gerade seine Hektik und innere Unausgeglichenheit, die seine Frau nach dem Vorbild ihres Vaters am meisten an ihm fürchtete; und wenn er dann, enttäuscht wie er war, ab und zu tatsächlich zum Alkohol griff oder sich aufs Poltern verlegte, war das Maß für sie voll. Diese beiden Menschen, die mit so viel guten Vorsätzen in ihre Ehe gegangen waren, hatten sich wechselseitig beinahe in genau die Position gedrängt, die dem Negativbild ihrer eigenen Eltern entsprach.

«Ich glaube, Ihre Frau möchte nicht noch mehr von Ihnen, sondern weniger, eigentlich gar nichts», schlug ich vor.

«Sie meinen...?» Erstaunt und verwirrt schaute er mich an.

«Ich meine, Ihre Frau möchte nicht länger sehen und hören, was sie noch alles für sie tun, sie sucht einfach Sie selbst.»

«Mich selbst? Mich selbst!» Er verstand nicht.

«Ja, daß Sie bei ihr sind.»

«Aber das bin ich doch. Was soll ich denn noch alles machen?» Er stieß seine Worte mit wachsender Gereiztheit hervor.

«Gar nichts am besten», entgegnete ich. Wie konnte ich ihm nur verdeutlichen, daß es nicht darum ging, sich immer noch mehr abzuverlangen, sondern in gewissem Sinne sein Leben ruhiger und weniger ehrgeizig anzulegen?

«Entsinnen Sie sich noch der Geschichte mit der Katze?» fragte ich ihn.

«Was für eine Katze?» Er fühlte sich jetzt offenbar gerade so mißverstanden und abgelehnt, wie er es soeben bezüglich seiner Frau geschildert hatte. Und doch hatte er mir vor einer Weile wie nebenbei von einer Begebenheit im Leben seiner Frau berichtet, die uns jetzt weiterhelfen konnte.

Zu dem Haus, das sie bewohnten, gehörte ein kleiner Garten, der dicht an ein Waldgelände grenzte. Eines Tages war die Tochter gekommen und hatte eine noch ganz junge Katze mitgebracht. Das Tier war allem Anschein nach ausgesetzt worden. Es war völlig ausgemergelt gewesen und hatte am ganzen Körper gezittert. Auch ohne das Betteln ihrer Tochter war es der Frau wie eine Pflicht erschienen, die Katze bei sich aufzunehmen. Das war vor etwa zwei Jahren gewesen. Inzwischen war der Kater zu einem munteren, pechschwarzen Mohrchen herangewachsen, das voller Abenteuerlust und Tatendrang steckte. Insbesondere liebte das Tier es augenscheinlich, sich für die Güte seiner Herrin nunmehr erkenntlich zu erweisen. Denn immer wieder kam es vor, daß es einen Vogel oder eine Maus als Geschenk mitbrachte; sorgfältig, ohne sie zu töten, legte es seine vor Schrecken völlig betäubte Beute der Frau vor die Füße, hoffend, für seine Bemühungen höchstes Lob einzuheimsen. Die aber war eher erbost und erschrocken über die Grausamkeit ihres sonst so lieben und zahmen Kätzchens; mit Schimpfen oder sogar mit angedeuteten Schlägen versuchte sie, dem Kater die Unart abzugewöhnen, – doch ohne durchschlagenden Erfolg. Dasselbe Tier, das als Kätzchen fast mühelos stubenrein geworden war, mochte nun, erwachsen geworden, am wenigsten von dem lassen, was es allem Anschein nach für seine Tugend hielt.

Was auch sonst hätte es denken sollen?

In diesem Hause war man so gut zu ihm; man hatte es von

der Straße aufgelesen und es so treusorgend aufgezogen, – oblag ihm da nicht die Pflicht, nun seinerseits sich beliebt zu machen, indem es sich als einen umsichtigen und geschickten Jäger zu erkennen gab? Und wenn es seine Beute nicht einmal selber verschlang, sondern sie aufopferungsbereit und verzichtsvoll brav apportierte, mußte ihm da nicht aller Katzenlogik zufolge eitel Freude und Beifall werden? Wie je sollte dieser Kater begreifen, daß man seine Wohltaten als räuberische Untaten mißachtete und ihn dafür, statt belohnte, bestrafte?

«Er bekommt doch alles bei uns. Warum er das nur tut?» zitierte ich jetzt die Frau. «Er brauchte sich doch nur bei uns wohlzufühlen», fügte ich noch hinzu. «Er könnte es so gut haben, wenn er nur nicht immer wieder den Vögeln nachstellen würde.» Ich schaute den Mann an und betonte jedes der Worte, die er selber einmal gesprochen hatte.

«Sie meinen...?»

«Ja, genau das meine ich.»

Eine längere Pause entstand. Zum ersten Mal nach vielen Stunden schien er entspannt dazusitzen, ja, es war, als träumte er ein wenig vor sich hin. Die Sonne schien von Westen ins Zimmer herein und umspielte die bunt glänzenden Buchrükken in den Regalen. Meine Blicke glitten über die Kopie eines altägyptischen Papyrus an der Wand, der von dem Totengericht und der Auferstehung eines hohen Tempelbeamten erzählte. Die Wanduhr tickte mit regelmäßigem Pendelschlag weiter. Einen Moment lang schien die Zeit sich aufzulösen und zu einer absichtslosen Gegenwart zu gerinnen. In diesem Augenblick, das spürten wir beide, ereignete sich etwas Wesentliches. Hier begann etwas Neues, das alles Bisherige ändern würde.

Der Schäferhund und die Möwen

Wer an diesem Neujahrsmorgen den Strand zwischen Wenningstedt und Kampen entlangwanderte, erlebte einen Tag, der selbst bis Mittag noch nicht schlüssig darüber war, ob er sich nun aufführen sollte oder nicht. Über dem Meer lag der Nebel so dicht, daß er die zahlreichen Spaziergänger wie wandelnde Schatten erscheinen ließ und den Horizont in ein graues Tuch aus weichen Falten hüllte. Nur die Gischt der Wellen, die in langer Dünung, wie aus dem Nichts kommend, ans Ufer rollten, sich steil emporhoben und dann, sprühende Schaumkronen bildend, in sich zusammenbrachen, zeichnete immer von neuem Linien weißen Lichtes in diese unwirklich anmutende Welt.

Noch am Abend zuvor hatte der Bundeskanzler in seiner traditionellen Ansprache zum Jahreswechsel das deutsche Volk vor die Wahl zwischen «Aufbruch oder Abbau» gestellt; inmitten einer dramatisch veränderten Lage werde Kreativität und Mut zur Entscheidung von den Deutschen verlangt, dann allerdings könnten «wir es schaffen». Die Verweildauer zwischen einer neuen wissenschaftlichen Erkenntnis und ihrer wirtschaftlichen Nutzung, muß man wissen, währt in Deutschland zu lange; das 1998 zu erwartende Wirtschaftswachstum muß für Investitionen und damit zur Schaffung neuer Arbeitsplätze genutzt werden; die materiellen und geistigen Ressourcen langen immerhin aus, um sich den Herausforderungen des internationalen Wettbewerbs zu stellen; es kommt daher vor allem darauf an, vertrauensvoll und hoffnungsfroh in die Zukunft zu blicken.

So der Regierungschef. Und ähnlich ihm die Vertreter der Kirchen.

Auch die katholischen Bischöfe bedauern und beklagen den

«Reformstau» in Deutschland, die neue Armut vor allem der
Arbeitslosen tut ihnen leid, der Kardinal von Köln geißelt die
nackte Sexualität als den neuen Gott der Zeit; die Abtreibungs-
gesetzgebung von 1994 ist nichts als eine staatliche Lizenz zum
Töten, läßt der Kardinal von München verlauten, und der Bi-
schof von Mainz hebt hervor, daß der Friede, den der Einzelne
in die Welt bringt, sich wie von selbst zum Frieden aller aus-
wachsen wird. Soeben meldet die Zeitung, daß pünktlich zum
Anfang des Jahres 27 000 Jugendliche zum Wehrdienst einge-
zogen werden; über vierzigmal wurde im zurückliegenden Jahr
die Todesstrafe in den USA exekutiert; in Hongkong werden
1,8 Millionen Hühner aus Angst vor einem Virus vergast. Der
Friede des Einzelnen wächst sich aus ... Welch eine Wohltat,
daß der Nebel die Welt vor den Augen verbirgt. Keine klaren
Konturen, keine grell einander kontrastierenden Farben, er-
träglich gemildert liegt der Strand da.

Von Südwesten her hat der Wind aufgefrischt und weht jetzt
in Böen herein. Eine immer mehr sich verbreiternde Zone
glattgestrichenen Sandes zeigt an, daß die Ebbe eingesetzt hat.

Wie viele hundert Menschen werden vor Stunden noch hier
vorüber gegangen sein, wie wenige Wellen haben genügt, all
ihre Spuren hinwegzuspülen?

Immer wieder im Wechsel der Gezeiten hebt und senkt sich
das Meer und erschafft zwischen Ebbe und Flut eine je andere
Welt. Sehnsüchtig schreiten die Möwen auf der Suche nach
Nahrung hinter den Wellen drein. Sie finden fast nichts. Eine
von ihnen hat gerade den Rest eines Seesterns erbeutet und
trägt ihn, um ihren Konkurrenten zu entkommen, in einem
Zickzackflug quer durch den Schwarm weit abseits auf eine
eben sich bildende Sandbank. Dicht hinter der Brandungszone
wiegen sich Gruppen von Möwen im Auf und Ab der Wellen.
Ein junger Schäferhund trollt vor den Füßen eines Mannes
und einer Frau umher, die offenbar ein Stöckchen in das eis-
kalte Wasser geworfen haben; sich kopfüber in die ausrollen-
den Wellen werfend, geht der Hund auf die Suche, aber ver-

gebens; die Wellen ziehen sich zurück und lassen nichts hinter sich als den flachen gelbbraunen Sand. Eine neue Welle, ein neuer Sprung, wieder nichts. «Hier, Hasso, hier», ruft die Frau und zeigt auf ein Stück schwarzen Holzes, das etwa zwei Meter abseits von einer früheren Welle abgelegt worden sein muß. Mit freudigen Sprüngen läuft Hasso zurück und apportiert stolz sein wiedergefundenes Stöckchen.

Was für ein Gleichnis zum Neujahrstag, mußte ich denken. Getreu und pflichtbewußt stürzen wir uns immer von neuem hastend und kläffend in die Flut, um etwas zu suchen, das längst fertig vor uns liegt; wir überspringen wie blind, stets im Bemühen, uns als möglichst tüchtig und erfolgreich zu erweisen, selbst das Offensichtliche, dafür aber wiegen wir uns in dem Glück, in vorderster Front zu stehen und es allen zu zeigen – wie mächtig umrauscht uns der Wogenschwall der Geschichte! Und naßkalte Füße bekommen wir auch!

Aus solchen Gedanken wurde ich gerissen durch den Anblick einer Möwe. Sie hatte eine der länglich-schmalen Schwertmuscheln aufgegriffen und trug sie eilig trippelnd in ihrem Schnabel vor sich her. Kaum sah das eine andere Möwe, als sie auch schon herangestürzt kam und mit spitzem Schnabel auf die Muschelschale zielte. Tatsächlich ließ die derart ungestüm Angegriffene die Muschel fallen, breitete, einen kurzen Anlauf nehmend, die Flügel aus und flog fort.

Es war nicht zu übersehen: die Muschelschale, die jetzt geöffnet am Strand lag, war vollkommen leer, so leer wie die tausend anderen, die unbeachtet überall herumlagen. Trotzdem pickte die Siegerin ihre Beute sorgfältig ab, so als nähme sie eine äußerst sättigende Mahlzeit zu sich.

Da hatte *eine* Möwe, getrieben von Hunger, einen Moment lang so getan, als wenn ihr ein großer Fang gelungen wäre; es bedeutete für sie selbst wohl einen Trost, ihrem leeren Magen zu zeigen, wie es sein würde, trüge sie erst einmal etwas Eßbares in ihrem Schnabel – ganz so wie diese Schwertmuschel würde es aussehen! Die andere aber mußte an ihrer Einbildung festhalten: Sie konnte nicht verloren haben. Der ganze Zank der beiden Möwen war um buchstäblich nichts gegangen. Erst zu spät merkten sie, daß gerade in diesem Moment nur ein paar Schritte entfernt eine Frau ein Stück Brot aus einer Plastiktasche hervorholte und es in großen Brocken in die Luft warf. Eine lärmende Wolke von etwa zwei Dutzend Tieren verschlang jeden Krümel gierig und gründlich.

Im Windschatten des roten Kliffs hielt ich inne. Der Gang durch den feuchten Sand hatte mich müde gemacht. Das Meer rauschte auf. Der Schrei der Möwen war wieder verstummt.

Wenn wir es lernen würden, dachte ich, das offensichtliche Glück nicht aus lauter Hast zu überspringen und uns um ein eingebildetes Glück nicht zu entzweien, könnte dieser nebelige Morgen doch noch zum Anfang eines guten, eines in gewissem Sinne wirklich neuen Jahres werden . . . Die Tiere könnten's uns zeigen.

50

Das Hamsterchen

Deutlich entsinne ich mich noch jenes Nachmittags, in Basel. Ich war zu einem Kongreß von Psychotherapeuten eingeladen, um vor ihnen einen Vortrag zu halten zu dem Thema: «Glück – was ist das?» Wußte ich's denn? Kannte etwa ich es gut genug, um ausgerechnet vor solchen Experten des Seelenheils darüber Rechenschaft abzulegen?

«Alle glücklichen Familien gleichen einander, jede unglückliche Familie dagegen ist unglücklich auf besondere Art.»

Mit diesem Zitat LEO TOLSTOIS wollte ich beginnen; doch sein Roman *Anna Karenina* erzählt nicht vom Glück, er schildert das ganz besondere Unglück einer verzweifelten Frau, die von der selbstgerechten Abgebrühtheit ihres Mannes in den Tod getrieben wird. Ich würde, mit solchen Worten beginnend, ganz einfach mein Thema verfehlen. O ja, Menschen aus unglücklichen Familien kannte ich genug; ich brauchte nur ihr Schicksal zu erzählen, und die Zuhörer würden zu Tränen gerührt sein, und dann müßte ich nur die logischen Vorzeichen ändern, – aus dem Unglück würde dann Glück; man streiche das Minuszeichen ganz einfach durch, und schon wird ein Plus draus... Nur: das Leben ist nicht mit einfachen logischen Tricks zu verändern. Wie also könnte ich vom Glück auf eine Weise sprechen, daß es den Menschen im Unglück nicht wehtat oder daß es sie gar bei der Hand nahm, um sie ein wenig Glück selber genießen zu lassen?

Mit solchen Gedanken im Kopf kam ich müde, gestreßt und keineswegs «glücklich» am Bahnhof in Basel an. Es war Samstag, die Straßen lagen fast leer. Ich trat auf den sonnenbeschienenen Vorplatz, zwängte mich durch verschiedene Neubauspaliere ins Freie und fand mich mit Mal in einer Verkaufspassage wieder, in einer Kunstwelt aus Glas und Beton. «Auch das noch», dachte ich angewidert; «mit wieviel Hektik und Häßlichkeit umgeben sich nur die Menschen!» Da fiel mein Blick auf ein grünes Schild: «Zoo» stand da. «Natürlich», schimpfte ich innerlich weiter; «auch Tiere müssen sie hier wie Waren verhandeln.» Doch das Schild zog mich an. Nur wenige Meter, und ich stand vor einem großen, geräumigen Schaufenster. Es lag nach Nordosten raus, immer schön schattig also, und es bot Platz! Hinter der Glasscheibe erblickte ich, nähertretend, ein kleines Hamster-Paradies. In den Maßen von etwa vier mal zwei Metern war dort eine Plastikwanne aufgestellt, die alles enthielt, was einer Kolonie von etwa zwanzig dieser possierlichen Nager von Nutzen sein konnte: Hohle Baumstämme boten Wohnraum und Schutz, kleine Spielzeugräder warteten darauf, von einem der Tiere in rasendem Schwung in Betrieb genommen zu werden, Mäuerchen und Türmchen erlaubten ein nicht endendes Jagen- und Fangenspiel, sogar bunte Bälle rollten, versehentlich angestoßen, zwischen den Tierchen umher.

Eines aber von ihnen fesselte meine Aufmerksamkeit ganz besonders. Linksseits des Beckens war eine kleine Tränkrinne angebracht, und davor, die beiden Vorderpfoten auf den Rand gestützt, stand es und – ja, was tat es da eigentlich? Es trank, ja, gewiß; aber wie! Fast vorsichtig schob es sein breites Schnäuzchen ins Wasser und entnahm der Tränkrinne bedachtsam einen kleinen Schluck. Es schleckte nicht, es schlürfte nicht, es kaute förmlich mit Kennermiene die flüssige Kostbarkeit. Gleich einem badischen oder österreichischen Weinprüfer *biß* es das Wasser, Tropfen für Tropfen, innig und heftig, und immer erst nach dem vollen Genuß jedes einzelnen Schlucks tat es den nächsten Zug mit eben der gleichen Andacht und Aufmerksamkeit. Zehnmal, fünfzehnmal, – dann war es gut. Sichtlich gesättigt, strebte es zielgerade auf eine der verschachtelten Holzröhren zu, lugte ruckhaft, einen Moment lang sichernd, hinein und verschwand, um in aller Behäbigkeit und Behaglichkeit seinen unmäßigen Rausch auszuschlafen.

«Ist das nicht Glück?», dachte ich. Das jedenfalls war es, was ich als erstes meinen Hörern vermitteln wollte: das Glück und die Dankbarkeit sinnlicher Wahrnehmung. Wie viele Menschen kenne ich, die sich seit Kindertagen nahezu schämen, die Möglichkeit eines derartigen Glücks ihrer Sinne entfernt auch nur sich einzugestehen, geschweige denn zu gönnen. «Sinnlichkeit», hat man sie gelehrt, «ist der Stachel der Sünde, die Quelle von Versuchung und Verlockung, der Ursprung der bösen Begierlichkeit und der Wollust.» Wie viele Depressionen, Ängste und Schuldgefühle hat man mit einer solchen Moral nicht bereits den Fünf- und Zehnjährigen eingeimpft?

Aber nun so ein Hamsterchen!

Jemand wacht am Morgen auf und nimmt, sich wohlig streckend, den Unterschied der Wärme und der Kühle unter seiner Bettdecke wahr; er genießt die Schwere seiner Glieder, den Strahl des Wassers auf seiner Haut, den Duft des Kaffees auf dem Tisch, das Farbenspiel der ersten Strahlen der aufgehenden Sonne, das sanfte Wehen des Windes beim Öffnen des Fensters – kein Tag beginnt ohne eine Fülle solcher Sinnesfreuden. Sie sind vollkommen unschuldig. Sie sind der erste, wenngleich noch so flüchtige Teil des Glücks, leben zu dürfen, und alles, was nottut, ist nur eine Aufmerksamkeit, die so ungeteilt hingegeben ist wie bei diesem Hamsterchen.

Von dem griechischen Weisen Sokrates berichtet sein Schüler PLATON (*Phaidon*, 3. Kap.), er habe im Gefängnis von Athen, in dem er lange gefesselt gelegen, am Morgen des Tags seiner Hinrichtung sich in Wohlgemutheit erhoben, seine Beine gekrümmt und massiert und die Lust verspürt, endlich frei zu sein; «erst», sprach er, «hatt' ich von der Fessel Schmerzen in dem Beine und nun kommt, wie mir scheint, ein Wohlbehagen hinterdrein.» Den Tod schon vor Augen, fühlte sich Sokrates glücklich, noch einmal seine Sinne zu spüren. Dann im Kreis seiner Jünger dachte er nach über den Sinn des Lebens, über die Unsterblichkeit der Seele und darüber, daß es das *höchste* Glück sei, lieber Unrecht zu dulden als Unrecht zu tun.

Die Bussarde

E s ist wie am Rand einer Wüste: die schmalen Grünstreifen entlang einer Zugtrasse oder entlang einer Autobahn bergen heute in aller Regel mehr Leben als die kilometerweit sich dehnenden überdüngten Felder der Agrarindustrie. Was aber zieht die *großen Greifvögel* wie magisch in die Nähe von Flughäfen? Vor allem in den Morgenstunden sieht man sie dort. Wohl, die spärlichen Rasenflächen zwischen den Start- und Landebahnen werden mitunter von zahlreichen Kaninchen bevölkert, – für einen Bussard oder für einen Habicht durchaus eine schmackhafte Beute. Doch kann das nicht als Erklärung gelten. Auch an Flughäfen, die geradezu peinlich von allen Kaninchen «gesäubert» werden, zeigt sich dasselbe Schauspiel: Unverdrossen sitzen die großen Greifvögel da, ganz als ob sie mit stoischer Ruhe auf etwas warteten. Sie jagen nicht, sie meditieren.

Aber worüber?

Kein Habicht, kein Bussard wird jemals begreifen, was sich auf einem Flughafen Minute um Minute vor seinen Augen begibt. Für ihn ist ein Flugzeug kein Flugzeug, nur ein anderer riesiger Raubvogel. «Wie ist es nur möglich, daß es so ungeheure Bussarde gibt?» wird bewundernd der hungrige Bussard für sich überlegen. «Wie kann er nur auffliegen, ohne die Flügel zu bewegen, und warum legt er die Flügel nach der Landung nicht an? Und dann der entsetzliche Lärm, den er macht! Kein anderer Vogel auf Erden verursacht einen solchen Radau. Es ist ganz unmöglich, bei einer solchen Geräuschentwicklung irgendeinen Hasen oder ein Kaninchen zu fangen. Aber bestimmt frißt so ein Riesenbussard auch gar keine Kaninchen. Er muß sich von etwas ganz anderem ernähren, das man nicht sieht, denn noch niemals wurde beobachtet, daß ein Riesenbussard zur Jagd auf Niederwild angesetzt hätte. Fest steht nur, daß der Nahrungsbedarf eines Riesenbussards immens sein muß. Könnte man doch nur ein einziges Mal dabei sein, wenn er seine Beute schlägt, um sich an den Resten seiner Mahlzeit gütlich zu tun!»

Von solcher Art wohl werden die Gedanken sein, welche die Bussarde dahin verlocken, ihr Glück ausgerechnet in der Nähe großer Start- und Landebahnen von Flugzeugen zu suchen. Da hocken sie also hungernd und frierend selbst in Regen und Kälte und träumen von einem Leben, das ihr eigenes niemals sein wird; sie wünschen zu sein wie diese ihre übermächtig scheinenden Konkurrenten, und sie wären schon froh, in ihrer Nähe auf Dauer geduldet zu werden, – doch sie können nicht wissen, daß ihre Bewunderung einem bloßen Mißverständnis gilt. Sie glauben, sich selbst zu begegnen in diesen toten Leibern aus Kunststoff und Aluminium und können nicht sehen, daß sie selber unendlich viel kostbarer sind; sie wähnen ihr eigenes Wünschen verwirklicht beim Anblick dieses Überbilds eigener Größe und ahnen nicht, daß ihre vermeintliche Kleinheit sich nur aufgrund eines falschen Vergleichs so entmutigend darstellt.

Aber die Bussarde haben es gut! Irgendwann wird in ihren leeren Mägen der Hunger sich regen. Dann werden sie, Riesenbussarde hin, Riesenbussarde her, selber sich aufschwingen. Ihre sensiblen Flügelfedern werden die Strömung des Windes erfassen, und nach einer kurzen Strecke bereits wird der Luftstrom aufsteigender Wärme sie am Hang emporgleitend höher und höher tragen. Kein Laut wird zu hören sein, kaum mehr ein Flügelschlag; selbst aus einhundert, zweihundert Metern Höhe werden ihre scharfsichtigen Augen jede Bewegung am Boden wahrnehmen. Dann werden sie unwiderruflich wieder die alten Bussarde sein; allen Träumen zum Trotz.

Wie anders sind da wir Menschen! Wen von uns läßt man schon leben, wie er in Wirklichkeit ist? Wenn er so ist wie sein Vater, wenn er so ist wie sein Chef, – dann vielleicht! Immer

55

noch größer, immer noch stärker, immer noch höher, immer noch lauter – so *müssen* wir offenbar sein, oder wir fürchten, gar nicht mehr zu sein. Wir messen uns immer wieder an dem, was wir *nicht* sind, und so sehr wir auch an dem Unrecht leiden, das wir uns damit zufügen, so unsäglich schwer fällt es uns anscheinend doch, von unserem erkennbaren Irrtum zu lassen. Da hocken wir oft genug wie verflogene Vögel am Straßenrande und blicken neidisch und deprimiert auf das Leben, das an uns vorbeizieht. Ja, am Ende bekommen wir es tatsächlich fertig, uns immer toter und toter zu wünschen, und kein Hunger nach wirklichem Dasein befreit uns mehr von unserem Alptraum.

Die größten Jäger zu sein – was sind wir, wenn wir es schließlich geworden sind? Gefühllose Killer wahrscheinlich, Tötungsroboter, Kampfmaschinen, biologische Terminatoren, die den siliciumgesteuerten Terminatoren hoffnungslos unterlegen bleiben.

Die größten Raubtiere zu sein – was sind wir, wenn wir es wirklich dahin gebracht haben? Berauschte des Megakonsums womöglich, Gigantomanen im Herstellen sinnloser Waren, Geldsklaven, Lohnsklaven, Spekulanten in Böden, Immobilien, Aktienindizes, Futures und Bonds, buchstäblich «Verrückte», die gar nicht mehr wissen, wonach ihr Hunger eigentlich ging.

Wie aber, wir würden uns aufschwingen zu unserer wirklichen Größe und Stärke? Es genügte, nur Menschen zu sein, das heißt, da es «Menschen» als Sammelbezeichnung von Exemplaren im Grunde nicht gibt, es wäre erfordert, daß jeder es lernte, er selber zu sein. Mehr brauchte es nicht. Mehr brauchte *er* nicht. Es wäre die einzige Art, einmal im Leben wirklich «gesättigt» zu sein. Das wahre Fliegen ist nicht das Donnern der Düsen am Deck einer DC 9, das wahre Fliegen ist ein sanftes Schweben im Fächer der Thermik. Die ersehnte Größe des Fremden entfremdet; die vermeintliche Kleinheit des Eigenen aber erlöst und befreit. Ein einziger Augenblick wirklichen «Hungers» wäre genug.

Die Feldmaus

Die Hamburger Polizei hat die Aufgabe, Obdachlose und Ausländer ohne Aufenthaltsgenehmigung unnachsichtig vom Bahnhofsgelände zu entfernen.» Fast triumphierend, schwarz auf weiß, stand es in der Boulevard-Zeitung der Stadt zu lesen. Lange genug hatte sie von Überfällen und Diebstählen in den Schächten der Metro und im Bereich des Bahnhofs berichtet. Dort sammelten sich die Landstreicher, um vor der Kälte des Winters Zuflucht zu finden. Konnte es ihnen wirklich so schlecht gehen, wenn sie sich nicht einmal in die städtischen Asylstätten verbringen ließen? Wenn sie auf ihren absurden Vorstellungen von Freiheit und Unabhängigkeit bestanden? Und durfte man es tatenlos hinnehmen, daß sie unschuldige Passanten mit ihrer aufdringlichen Bettelei belästigten und hilflosen alten Leuten die Handtaschen fortrissen? Sogar zu Gewaltverbrechen war es gekommen! Die Polizei mußte handeln. Jetzt handelte sie.

Ich hatte noch einen kurzen Bummel über die Mönkeberg-Straße gemacht, als ich den Bahnhof betrat. Die Uhr zeigte 10.30 Uhr – bis zur Abfahrt des Zuges war noch genügend Zeit. Oben in der Passage zwischen den Geschäften und Büfettbars war es angenehm warm; also zögerte ich den Weg über die Treppen zum Bahnsteig hinunter noch etwas hinaus und schaute mir gemächlich die Auslagen an: farbenprächtige Blumengestecke, anmutig dekorierte Südfrüchte, Kameras und Bilderrahmen, Souvenirs und Zeitungen. Der verwirrende Duft von Röstkartoffeln und Braten entströmte den verschiedenen Eß-Ständen. Und dann war da noch ein Laden mit Seifen und Parfüms.

Niemals habe ich mich sonderlich für ein Geschäft dieser Art interessiert. Rein zufällig war ich vor das gläserne Fenster seiner Auslagen geraten. Anstelle einer Tür war der Geschäftsraum durch einen warmen Luftstrom am Eingang vor der Kaltluft aus dem Bahnhofsinneren geschützt. Meine Blicke wanderten über verschiedene Fläschchen und Dosen, und ich staunte gerade über den Einfallsreichtum der Hersteller, da sah ich plötzlich eine kleine Feldmaus in höchster Eile direkt auf den Seifenladen zulaufen. Einige der Passanten lachten amüsiert, dieses Tierchen aber rannte um sein Leben. Es lief so schnell, daß es immer wieder auf dem glatten Untergrund der Kunststoffkacheln sein Gleichgewicht zu verlieren drohte und nach links oder rechts ausrutschte; sofort aber faßte es sich wieder und setzte seinen Weg mit unverminderter Schnelligkeit fort. Es war offensichtlich, daß es nicht ein bestimmtes Ziel verfolgte, sondern in seiner Angst nur irgendeinen Platz suchte, an dem es ein bißchen dunkel und geschützt war. Hastig stürzte es denn auch durch die geöffnete Glastür des Seifen- und Parfümladens und kam erst wieder zur Ruhe, als es den Schatten eines der bis zur Erde reichenden Regale erreicht hatte. Dort hielt es inne und schien den weiteren Gang der Ereignisse abzuwarten. Daran tat es nicht übel; denn tatsächlich, eine der Verkäuferinnen, die nicht bemerkt hatte, wie das Tierchen hereingelaufen war, ging ganz dicht an dem Regal vorbei, fast hätte man meinen können, sie müßte die Feldmaus mit der Fußspitze berühren, so dicht kam sie ihr, aber sie nahm sie nicht wahr. Das Mäuslein schien zu wissen, daß es nur solange geschützt blieb, wie es sich in seinem Versteck nicht bewegte.

Doch wie sollte es unter diesen Umständen jetzt weitergehen?

Unmöglich konnte die Maus, buchstäblich bis Ladenschluß, in ihrer Position verharren; und selbst wenn sie das zu tun versuchte, von Seifen und Parfüms würde sie nicht leben können. Irgendwann, das war klar, würde sie den gerade gewonnenen Unterschlupf wieder aufgeben müssen, um sich nach einem tauglicheren Daueraufenthalt umzusehen. Wo aber sollte der liegen? Die Wände und der Boden erlaubten es in keiner

Weise, sich in einer Ecke des Raumes eine Wohnhöhle zu ernagen. Nahrung würde sich unbeaufsichtigt vielleicht am Abend in einem der Speisestände finden. Wie aber sollte das Mäuslein bis dahin warten, und wie hätte es hoffen dürfen, von jenen so lieblich duftenden Speisen irgend etwas zu erhaschen? Selbst sogar, wenn es am Abend zu einem der Speisevorräte Zugang fände und sich an den Delikatessen gütlich tun könnte, so wäre es doch am anderen Morgen nur um so mehr als Schädling, ja, als ein gesundheitsgefährdendes Etwas ausgemacht, das man mit allen zu Gebote stehenden Mitteln jagen müßte.

Dieses Mäuslein konnte machen, was es wollte, in jeder Lage müßte es im Fall seiner Entdeckung auf die anderen sonderbar wirken, schon wegen seiner Angst. In dem ganzen großen Bahnhofsgelände war es fehl am Platze. Noch hatte es sich nichts zu Schulden kommen lassen – keinen Diebstahl, keine Erregung öffentlichen Ärgernisses, aber es schien doch nur eine Frage der Zeit, wann es dahin kommen würde. Es hatte in seiner Angst sich verlaufen. Es befand sich an einem Platz, an den es nicht gehörte. Darum war sein Aufenthalt ungehörig. Man mußte es fangen, verjagen, eliminieren.

Wie war es überhaupt in den Bahnhof gekommen?

Das konnte man im einzelnen wohl nicht mehr «nachvollziehen», es spielte übrigens auch keine Rolle. Die Frage stellte sich nicht. Vielleicht war das Feld, auf dem es bisher gelebt hatte, für ein Bauvorhaben «erschlossen» worden, oder der Boden war durch Überdüngung unbewohnbar geworden, oder es war durch den Autoverkehr vor lauter Schrecken immer weiter in die falsche Richtung gedrängt worden und fand jetzt keinen Rückweg mehr. Oder... Wen sollte das interessieren? Die Maus mußte weg, das war alles, was im Zusammenhang mit ihrem Dasein von Belang schien.

War es im Umgang mit den Obdachlosen und Asylanten eigentlich so viel anders? fragte ich mich beim Anblick dieses Tierchens. Niemand von ihnen, so viel steht fest, ist freiwillig dahin gelangt, wo er heute ist. Vertriebene, Verlaufene, Verlorene sind sie allesamt, auf der Flucht immerzu, ein unerwünschter Störfall zumeist. Ob Bürgerkrieg tobt in ihrer Heimat oder ob Hungersnot herrscht – sie scheinen unerwünscht, man wird sie verlachen ob ihrer Not; sollen sie doch selbst sehen, wo sie bleiben. So etwas wie Schuld empfinden wir dabei kaum.

Tatsächlich aber braucht man nur die Angst eines kleinen Tieres zu betrachten, und es melden sich Zweifel an der Richtigkeit dessen, was wir anscheinend für recht halten. In einer Zeit, da man hilflose Menschen wie Ungeziefer behandelt, mag es immerhin eine Maus sein, die uns daran erinnert, wie die Betroffenen fühlen.

Der Esel

K ann man von Eseln sprechen, ohne an Menschen zu denken?

Dabei hat kaum jemand in Kindertagen noch einen Esel lebend zu Gesicht bekommen. Das Wort beschreibt im Bewußtsein der meisten den Geisteszustand eines unliebsamen Zeitgenossen weit eher als eine Gattung pferdeähnlicher Einhufer. Und doch tut man den Eseln unrecht, wenn man in diesem Sinne Menschen nach ihnen benennt, und vermutlich wird man sogar den betreffenden Menschen mit solchen Redensarten nicht ganz gerecht. Beide sind besser oder doch anders, als man sie einschätzt.

Einer der Lastträger aus Istanbul will mir nicht aus dem Sinn. Heutigentags hat man sie aus dem Stadtbild der türkischen Metropole vollständig verdrängt; den ehrgeizigen Militärs ist ihr Anblick peinlich geworden. Doch damals, vor 35 Jahren, sah man sie allerorten mitten in dem Verkehrsgewühl rund um die Galatabrücke. Ihr Rücken trug, an Lederriemen befestigt, ein Lastholz, auf das man, je nach Belieben, so viel Gewicht schichtete, daß sie selber beinahe darunter verschwanden. Als Kleidung trugen sie nur eine dunkelfarbige Jacke und eine Hose aus billigstem Stoff, ihre Füße stapften barfuß über den sommertags kochend heißen Asphalt, ihre Körper waren tief vornübergebeugt, wie erdrückt von der unerträglichen Schwere der Last, die man ihnen auftrug. Am schlimmsten aber war es, mitansehen zu müssen, wie ihre Rücken sich auch dann nicht mehr aufrichteten, wenn sie das Gepäck abgesetzt hatten. Der Druck der tagtäglichen Belastung hatte ihre Gestalt endgültig verbogen. Es hätte für sie eine unerträgliche Qual bedeutet, sich jemals wieder aus ihrer Arbeitshaltung zu erheben. Für ihre Umgebung waren sie nichts als sprechende Tiere. Sie mußten froh sein, daß man sie nicht gegen eines der kleinen Lastfahrzeuge eingetauscht hatte, welche denselben Dienst schon damals schneller und im ganzen billiger verrichteten als sie. Die Lastträger waren nicht nur peinlich, sie wurden zunehmend unrentabel. Mochte ihre Qual auch noch so groß sein, sie mußten von Mitleid sagen, wenn einer der Händler oder Transportunternehmer sie ihnen auferlegte.

Die Sonne, die den ganzen Tag über gleißend und glühend vom Himmel geschienen hatte, warf jetzt in der Dämmerung lange Schatten in den Innenhof der Yeni-Valide-Moschee, die unmittelbar zwischen der Hauptstraße am Goldenen Horn und dem Ägyptischen Basar gelegen ist. Jetzt, da es kühler wurde, hatte der Menschenstrom eher noch zugenommen. Er floß von der großen Brücke herunter und ergoß sich in die Münder des Gassengewirrs der Altstadt. Ruhe fand sich einzig in dem mauerumgebenen Haram des Gotteshauses. Zwei Tauben gurrten und umkreisten sich werbend in einer der Fensternischen. In der Mitte des Vorhofs am Reinigungsbrunnen wuschen Männer sorgfältig ihre Füße und Ohren, ehe sie den kuppelüberwölbten, mit dunkelroten Teppichen ausgelegten Gebetsraum betraten, in dem die Strahlen der untergehenden Sonne an den Wänden spielten.

Noch stand ich am Eingang, unschlüssig, ob ich die Schuhe ausziehen und das Innere betreten sollte, da sah ich ihn die Treppen zum Vorhof heraufkommen. Kraftlos hingen seine Arme vornüber, sein Schritt schien vom Überhang des gebeugten Oberkörpers wie von selbst vorangezogen zu werden, sein Blick war zu Boden gerichtet, doch ging er, offenbar wie gewohnt, direkt auf den Sadirvan zu, setzte sich an die Beckenrinne und streichelte seine staubigen Füße. Das klare Wasser rann in seine rissige braune Hand, die er in den Brunnenstrahl hielt, dann goß er das gesammelte Naß über seinen Kopf, umfuhr mit kreisenden Bewegungen seine Stirn, seinen Nacken, seine Nase und stellte seitlich unter seinem Körper hinweg die Füße direkt in das Wasser. Er wagte es nicht, seine völlig verschwitzte Kleidung auszuziehen und sich ganz nackt abzuwaschen, doch es war deutlich: dieser Ort Allahs war die einzige Stelle, an der er sich von der Last des Tages ein wenig erholen konnte. Als sein Zuhause würde er wohl nur eine Bretterwohnung besitzen, eine Familie zu unterhalten war er gewiß außerstande, doch in dieser Moschee war es ihm möglich, für eine Stunde wenigstens auszuruhen, ehe er hinüberging in sein Nichts, um dort die Nacht zu verbringen. Ob er betete? Ob er fromm war? Bestimmt nicht. Wer je hätte ihn lesen und schreiben gelehrt, daß er den Koran zu rezitieren vermocht hätte? Doch war, was er tat, nicht das kreatürlichste und damit ehrlichste aller Gebete? Die wohlige Kühle des Wassers auf seiner Haut, der sanfte Schatten der Eingangsmauern, der ihn der Sonne verbarg, das Sitzendürfen am Brunnen Gottes... Er hatte sich auf seine Hände gestützt. Einen Moment lang schauten seine Augen mich an. Ich wandte mich ab. Ich wollte nicht, daß er sich von mir beobachtet fühlte, von einem Touristen.

Ich betrat die Moschee und hockte mich nieder. Vor meinen Augen tauchte ein Esel auf, den ich am Nachmittag in einer der Seitenstraßen Istanbuls gesehen hatte. Man hatte ihm eine Fuhre Holz aufgeladen, so gehäuft, daß er darunter fast zusammenbrach. Er stand einfach da und hielt durch seine Anwesenheit den gesamten Verkehr auf. Die Autos hupten wie wild, er aber rührte sich nicht. Erbittert schlug sein Halter auf ihn ein, doch er war nicht von der Stelle zu bringen. Typisch eben ein Esel, – dumm, störrisch und faul. Aber war er das wirklich, nur weil er, der Abkömmling afrikanischer Steppenbewohner, in diesem großstädtischen Irrsinn lärmenden Blechs nicht mehr weiter wollte noch wußte? Plötzlich fing er an zu schreien. Aus seinem Inneren drang ein Ton wie bei der Betätigung einer rostigen Wasserpumpe. Das Tier rief um Hilfe, es klagte, es flehte, es bleckte die gelblichen Zähne, die Nüstern bebten erregt. Alles mußte ihm sagen, daß es in diese Welt nicht hineingehörte, in die man es hier getrieben hatte. Es war ein Stück geschundener Kreatur, der menschlichen Willkür preisgegeben.

Seine klugen Augen aber schauten nach wie vor unerschrocken, beinahe stolz drein.

Und hatte es nicht recht damit?

Laut Lehrbuch waren es seine Vorfahren gewesen, die vor mehr als 6000 Jahren an den Ufern des Nils damit begonnen hatten, Wasserräder zu drehen und Getreidesäcke zu schleppen; sie hatten beim Bau der Pyramiden geholfen und die riesigen Steinquader der Tempel gezogen – sie und natürlich ihre Brüder, die ägyptischen Fellachen. Sie hatten die Orte einer Ewigkeit errichtet, an der sie selber nie hatten teilhaben dürfen. Sie hatten die Heiligtümer gebaut, die sie selber nach ihrer Vollendung nie mehr betreten durften. Doch konnte es nicht sein, daß die Gottheit gerade ihnen, den Lastträgern und den Eseln, weit näher stand als all ihren Auftraggebern und Herren, – schon ihrer Armut wegen, schon ihrer Geduld wegen, schon ihrer erschöpften Ausdauer wegen? Auf ihre Schultern und ihre Rücken hatte man's abgeladen, sie aber hatten sich niemals gewehrt. Sie waren niemals wirklich böse gewesen. Trotz all ihres Leids hatten sie niemals jemandem Leid zugefügt. Sie hatten's getragen ihr Leben lang, ohne jegliche Aussicht auf eine Erlösung. Die Esel und die Fellachen, überall auf der Welt, diese letzten unter den Kreaturen – sie ganz gewiß werden die ersten sein, die Allah in das Heiligtum seiner Ewigkeit aufnimmt.

Die Kuh

Ohne Zweifel war die Welt vor 25 Jahren in manchem besser eingerichtet als heute, im Jahre 1998. Damals, vor einem Vierteljahrhundert, konnte man zum Beispiel noch mühelos zweimal in der Woche mit dem Omnibus ohne Unterbrechung von Deutschland nach Indien gelangen, quer durch den Balkan, durch Ostanatolien, durch Persien, durch Afghanistan, durch Pakistan: – durch Länder, die sich allesamt seit vielen Jahren nun schon in ständige Krisen- und Kriegsgebiete verwandelt haben.

Was mir damals besonders auffiel, war ein bemerkenswerter Unterschied zwischen den Kulturen.

Die Grenze zwischen Europa und Asien, sagt man gemeinhin, verlaufe zwischen der Türkei und dem Iran und sie sei identisch mit dem Speisezettel: von Persien an besteht die Grundnahrung nicht länger mehr aus Weizen und Kartoffeln, sondern aus Reis und Hammelspießchen. Eine solche Nahrungsgrenze gibt es gewiß; doch gibt es da noch eine andere kulturelle Demarkationslinie, die in gewisser Weise weit wichtiger ist; diese Grenze verläuft zwischen den biblischen Religionen, den Islam eingeschlossen, und der hinduistischen Religion Indiens.

Den ganzen Weg über hatte ich miterlebt, wie grausam man in all den genannten Ländern mit Tieren umzugehen pflegt. Auf den Marktplätzen lagen Hühner mit zusammengebundenen Füßen, die Schnäbel vor Durst weit aufgesperrt, ohne daß jemand sie mit Wasser versorgt hätte; offenbar sollten sie nichts anderes mehr sein als lebende Konserven, die man nur deshalb noch nicht schlachtete, damit ihr Fleisch nicht zu schnell in Verwesung geriet. Auf den Straßen machten die Busfahrer sich förmlich einen Spaß daraus, mit hohem Tempo in die Schafherden zu preschen, die immer mal wieder die Straßen kreuzten; es schien sie zu freuen, wenn die Tiere voller Schrecken nach allen Seiten auseinander sprengten.

Bilder dieser Art waren so normal, daß ich schon anfing, sie als unvermeidlich hinzunehmen. Was auch wollte man von einem Metzger erwarten, dem keine Kühlaggregate zur Verfügung standen, um das Fleisch geschlachteter Tiere über längere Zeit frisch zu halten? Was wollte man einem Chauffeur vorwerfen, der über zwanzig Stunden lang hinter dem Lenkrad saß und eine Strecke hinter sich zu bringen hatte, auf der man dreimal das Fahrzeug, doch niemals den Fahrer wechselte? Wie oft hatte ich in meiner Heimatstadt Paderborn die Transporte von «Westfleisch» gesehen, die täglich Hunderte von Schweinen in den Schlachthof am Stadtrand verbrachten? Daß man Tiere züchten darf, um sie zu töten, ist schließlich ein verbrieftes Recht der biblischen Religiösität; das Verbot, speziell Schweine zu essen, besitzt im Judentum und im Islam rein religionshistorische, keine moralischen Gründe: – man wollte das Tier des Fruchtbarkeitskultes auf Zypern tabuisieren, mit Tierliebe hatte der Verzicht auf Schweinefleisch seit jeher nichts zu tun. Auf göttliche Weisung hin stehen nach biblischer Vorstellung die Tiere dem Menschen zur Nutzung zur Verfügung, und diese Einstellung hat unseren Kulturkreis geprägt. Worüber also und warum sich erregen?

Ich hätte es wohl auch nicht mehr getan ohne das Beispiel Indiens.

Pakistan und Bharat sind räumlich nur durch einen schmalen Streifen Niemandsland voneinander getrennt, geistig aber stoßen hier zwei grundverschiedene Kulturkreise aufeinander, und der Umgang mit den Tieren ist dafür das wichtigste Leitmerkmal.

Dicht hinter der indischen Grenze fuhr ich auf der Straße nach Amritsar mit einem alten, klapperigen Bus, dessen Tachometernadel zwischen fünfundzwanzig bis dreißig Stundenkilometern hin und her pendelte. Es war am Spätnachmittag. Der

Schein der Abendsonne ließ die Staubfahnen hinter uns wie einen Vorhang aus gelber Seide erscheinen; vor uns lag die rechte Straßenhälfte in dem länger werdenden Schatten dichter Baumreihen und Sträucher. Plötzlich bremste der Fahrer ruckhaft und lenkte den Bus etwa zwei Meter nach links aus der eingenommenen Spur; als ich hinschaute, sah ich ein Huhn, das flatternd davon lief. Es mußte sich in dem warmen Staub der Straße gebadet haben, als es von dem Omnibus unsanft aus seiner Ruhe gestört wurde; aber wie rücksichtsvoll verhielt sich dieser Fahrer! Statt nach dem Vorbild seiner pakistanischen oder afghanischen Kollegen mit unverminderter Geschwindigkeit weiterzufahren, nahm er ein kompliziertes Ausweichmanöver in Kauf, um das Leben dieses einfachen Tieres nicht zu gefährden. Sein Verhalten erklärte sich gewiß nicht mit Rentabilitätserwägungen – daß etwa der Besitzer des Huhnes ihn mit einer Schadensersatzklage für den Verlust hätte haftbar machen können; es war einzig der Respekt für ein lebendes Wesen, der ihn leitete. Unzweifelhaft hatte ich soeben einen neuen Kulturkreis mit einer grundverschiedenen Lebensart betreten.

Es konnte nicht lange währen, bis ich die erste heilige Kuh zu Gesicht bekam. Sie stand mitten auf der Straße, ein weißes, ausgemergeltes Zebu-Rind mit halbmondförmig nach oben geschwungenen Hörnern auf seinem langgezogenen Kopf, die Beine relativ schlank und hoch, und sie ließ sich absolut nicht aus der Ruhe bringen – niemand, das wußte sie, würde ihr auf den Straßen Indiens etwas zu Leide tun. Mit ihrer ganzen Länge versperrte sie die Fahrbahn, es war nicht möglich, an ihr vorbei zu kommen. Der Fahrer stoppte, doch sie stand da und schaute nur wie verwundert zu ihm auf; er hupte, sie aber ließ sich durch ein solch artfremdes Gebrüll nicht im mindesten vertreiben. Langsam nur, ganz langsam bewegte sie sich hinüber an den Straßenrand, wie um als ein gütiger Zollwächter denn doch irgendwann die Durchfahrt zu genehmigen. Manche der europäischen Reiseteilnehmer mußten bei diesem Anblick laut lachen; – in der Tat, eine solche Szene wäre im gesamten christlich-islamischen Kulturkreis völlig undenkbar, sie war typisch indisch. Doch lächerlich war sie nicht.

Nach allem, was wir heute wissen, wurden Hausrinder bereits vor 6000 Jahren im Zweistromland, in Indien und in Ägypten gehalten, und es waren überraschenderweise wohl wesentlich kultische Gründe, die zu der Zähmung der mächtigen Auerochsen führten. Nach dem Glauben der frühen Hackbauern standen die Tiere mit ihren sichelartigen Hörnern in einer symbolisch-magischen Verbindung zum Mond, dessen Phasen ihrerseits in einem geheimnisvollen Zusammenhang mit der Fruchtbarkeit der Frauen und der Felder gesehen wurden. In gewissem Sinne brachten die Rinder ein Stück vom Himmel auf die Erde, und wenn man sie tötete, dann allenfalls, um mit ihrem Opfer den Tod und die Wiederauferstehung des nächtlichen Lichtgestirns in den Tagen des Neumondes nachzubilden.

Man vergleiche dieses Denken nur einmal mit dem spanischen Stierkampf, der ein Relikt des persischen Mithraskultes sein mag, den man jedoch längst jeder religiösen Bedeutung entkleidet hat. Läßt sich etwas denken, das der Milde der indischen Geistesart krasser widersprechen könnte als das Touristenspektakel der Stiertötung in den Arenen der französischen und spanischen Metropolen Südeuropas? Und läßt sich etwas vorstellen, das die Moral eines Tieres tiefer beleidigt?

Ein Stier ist seiner ganzen Triebausstattung nach darauf angelegt, Rivalitätskämpfe buchstäblich «frontal», durch den direkten Zusammenprall der Hörner, auszutragen; was also soll er halten von einem Gegner, der es listig, nicht feige, nennt, jeder direkten Konfrontation auszuweichen? Der Stier sieht, wie sein Gegner vor ihm niederkniet, und er muß darin eine Geste der Demut und Unterwerfung erkennen; es ist seine Art von Fairneß, die Position der Überlegenheit nicht auszunutzen und selbst im Moment höchster Erregung und größten Zorns die mächtigen Hörner nicht in den verwundbaren Leib seines Feindes zu bohren. Wie kann er wissen, daß sein Widersacher gerade in diesem Augenblick sich vor einem begeistert johlenden Publikum seiner vermeintlichen Tapferkeit rühmt und Sekunden später unversehens zu dem tödlichen Stoß mit dem Degen gegen ihn ausholen wird?

Der Kultur, der wir angehören, ist die Mißhandlung von Tieren, und sei es auch nur zum Zwecke des sadistischen Vergnügens, so selbstverständlich, daß wir es in der Tat als völlig unverständlich, ja als absurd empfinden müssen, wenn wir einer Religion und Kultur begegnen, in der es strengstens verboten ist, bestimmte Tiere zu quälen oder zu töten. Dabei sind uns die Argumente insbesondere gegen den Kult der heiligen Kuh wohlfeil: Die indischen Zebu-Rinder verfügen, im Vergleich mit ihren europäischen Schwestern, über eine erbärmlich geringe Milchleistung; allerdings zeichnen sie sich durch eine enorme Kraft als Last- und Tragtiere aus; doch was bedeutet dieser Vorteil im Zeitalter von Motorpflug und Mähdrescher? Zudem, wenn die Tiere alt geworden sind, überläßt man sie einfach sich selbst. Es ist jammervoll mitanzusehen, wie die Kühe, die man für göttlich hält, in den Großstädten zu Tausenden ihr Dasein an den Müllhalden fristen oder halbverhungert und völlig verstört zwischen den Autoschlangen der Millionenmetropolen herumirren. Wäre es da nicht wirklich schon mitleidiger, sie beizeiten zu töten?

Vielleicht. Doch muß man genau unterscheiden, aus welchen Gründen man etwas fordert und tut.

Selbst eine engagierte Tierschützerin wie Brigitte Bardot konnte noch im Februar 1998 in Bukarest sich für die Tötung neu geworfener Welpen einsetzen, – das Leid der rund 200 000 Straßenhunde in der rumänischen Hauptstadt sei nicht länger zu ertragen. Dem ist schwer zu widersprechen. Vielleicht muß wirklich die hinduistische Weltsicht von der westlichen Einstellung lernen, daß es nicht genügt, einem Lebewesen aktiv keinen Schmerz zuzufügen; ein Mensch ist verantwortlich auch für das Leid, das er einem anderen passiv durch Gleichgültigkeit, Nichthandeln und Wegsehen auferlegt. Aber gibt es nicht gerade am Beispiel der heiligen Kuh der Inder auch für uns Abendländer etwas zu lernen? Da ist ein Tier, in dem die Seelen der Verstorbenen auf die Erde zurückkehren und das als etwas Heiliges und Unantastbares gilt; da herrscht ein Verhältnis zwischen Mensch und Tier, das einmal nicht vom bloßen Nützlichkeitsdenken geprägt ist; da existiert eine Seelenverwandtschaft und Einheit unter den Lebewesen, die mit jeder Form von Ausbeutung, ja, Ausschlachtung in wörtlichem Sinn unvereinbar ist.

Womöglich bildet die Wertschätzung der heiligen Kuh im heutigen Indien sogar nur einen schwachen Nachhall der Verehrung, die ihr vor sechs Jahrtausenden kulturell und religiös einmal zuteil wurde.

Im Alten Ägypten zum Beispiel erschien die Himmelsgöttin Hathor selbst als eine Kuh, die zwischen ihren mondsichelförmigen Hörnern die Sonne über den Himmel trug; sie selbst wurde deshalb als «Sonnenauge» verehrt und galt als die Oberste aller Göttinnen; sie war die Herrin des Totenlandes im Westen, die Göttin, welche die sterbende Sonne und die sterbenden Menschen in die Unterwelt einließ – Hoffnung auf Unsterblichkeit und eine nicht endende Liebe zum Leben verdichteten sich in ihrem Bilde. Ihre Priesterinnen verehrten sie mit Tanz und Gesang, unentwegt ließen die Sistren in ihren Händen und die Ketten an ihrem Hals in den Tempeln der Hathor den Rhythmus einer vitalen Freude am Leben ertönen. Selbstredend war Hathor, die heilige Himmelskuh, Gehilfin und göttliche Vorbildgestalt auch aller Frauen und Mütter im Alten Ägypten. Das ganze Dasein mithin ruhte in ihr und gab sich als gütig, gnädig und groß zu erkennen.

Wie könnte man töten, was das Leben selber in seinem ganzen Reichtum bedeutet?

Möglicherweise ist das hinduistische Bild der heiligen Kuh das letzte heute noch lebende Zeichen einer uralten Warnung und Mahnung, das nicht zugrunde zu richten, dem wir uns selber verdanken.

Als der Bus nach zwei Stunden in das Straßengewirr von Amritsar eintauchte, war die Sonne längst untergegangen. Schwere Regenwolken hatten sich vor den blassen Halbmond geschoben. Bald schon, früher als sonst, würde der Monsunregen einsetzen, versicherte der Junge, der mich zu einem kleinen Hotel zu lotsen versprach. Die Niederschläge würden manche Stadtteile unter Wasser setzen; doch es sei gut, wenn viel Regen falle; die Erde brauche ihn.

Die Affen

Im August des Jahres 1971 meldete die englischsprachige indische Zeitung *The Statesman* in einer humorvoll gehaltenen Glosse, auf dem Flughafen Santa Cruz hätten Affen sich in das Cockpit einer Verkehrsmaschine verirrt; als frommer Hindu erinnere man sich gewiß, wie weiland schon einmal der Affe Hanuman bei dem Versuch, die schöne Prinzessin Sita aus dem Palast des bösen Dämons Ravana zu befreien, über das Meer hinweg geradewegs nach Ceylon geflogen sei, doch das sei bereits sehr lange her, und es habe der Affengott damals für seine Reise auch kein Flugzeug benötigt; bei allem Respekt vor Leuten wie dem Buddha oder Franz von Assisi, man müsse doch sagen, Affen gehörten nicht in die Bordkanzel einer Düsenmaschine.

Heiliges Land des Lächelns, mußte ich denken, huldreiche Mutter Indien, wohl dir, daß dir solche Probleme noch sind! Wie anders würde man in unserer «Kultur» mit solchen Eindringlingen und Schädlingen wie cockpitversessenen Schlankaffen verfahren sein!

Überall auf Erden in den antiken Religionen und gegenwärtigen Stammeskulturen galten und gelten insbesondere die Affen als heilige Tiere. Man sah in ihnen wie selbstverständlich und vollkommen richtig Menschenverwandte beziehungsweise verwandelte Menschen. Im Alten Ägypten zum Beispiel verehrte man mit besonderem Respekt die Paviane; ihr allmorgendliches Gekreisch auf den Osthügeln von Kairo deuteten die frommen Fellachen am Nil als ein Gebet an den Sonnengott, der nach jeder Nacht aus dem Schoße der Himmelskönigin Nut verjüngt zur Welt geboren würde; die Paviane galten als Kinder des schreibkundigen ibisköpfigen Mondgottes Thot, der nicht nur im Totengericht über die Taten der Menschen

Buch führte, sondern auch wissend war um die Geheimnisse der Wiedergeburt und der Unsterblichkeit. Auch heute noch auf Madagaskar werden die possierlichen Sifakas als die Seelen der Verstorbenen betrachtet, die sich am Morgen dem Licht und der Sonne zuwenden, weil sie die Welt des irdischen Schattendunkels endgültig verlassen haben.

Alle mythischen Religionen haben Tiere und Menschen in eine geheimnisvolle, symbolische Einheit gesetzt. Nur den Anhängern des biblischen Schöpfungsglaubens mußte es förmlich als eine Beleidigung des Menschen erscheinen, als CHARLES DARWIN vor 130 Jahren die Behauptung aufstellte, der Mensch habe sich aus affenähnlichen Vorfahren entwickelt. Die Krone der Schöpfung, der Mensch, – ein Abkömmling der Affen! Welch ein Schlag ins Gesicht des abendländischen Weltbildes, das seit eh und je voller Stolz den Menschen in den Mittelpunkt der gesamten Daseinsbetrachtung und Sinnauslegung des Kosmos gerückt hatte! Verantwortung – das war, jüdisch-christlich verstanden, nie etwas anderes als eine Meßlatte, die der Mensch an die Natur anlegte, um seinen eigenen Nutzen zu befördern. Alles, was in irgendeiner Weise im Interesse menschlicher Zwecksetzungen lag, war entsprechend dieser Ethik wie von selber moralisch gerechtfertigt. Etwaige Skrupel, den Tieren Leiden und Qualen aller Art zuzufügen, durfte es im Rahmen dieses Denkens grundsätzlich nicht geben. Gott, der Herr, hatte vielmehr uns Menschen die ganze Schöpfung zur Nutzung zu Füßen gelegt.

Inzwischen wissen wir, daß die Vorfahren des heutigen Menschen und des heutigen Schimpansen sich erst vor etwa sechs Millionen Jahren bei der Auffaltung des ostafrikanischen Grabenbruchs voneinander getrennt haben; was sie genetisch voneinander unterscheidet, beläuft sich auf weniger als zwei Prozent des gesamten Erbmaterials. Alle Daten sprechen dafür, daß das tradierte Weltbild der abendländischen Religion schlechterdings falsch ist; aber haben wir deshalb unsere moralischen Einstellungen oder gar unsere Handlungsgewohnheiten geändert?

Keineswegs. In der Zeit vor CHARLES DARWIN mochte es unvorstellbar sein, sich die Existenz des Menschen außerhalb eines eigenen göttlichen Schöpfungsaktes erklären zu können; doch nach CHARLES DARWIN ist es gerade die Einheit von Mensch und Tier, die unser Denken als eine Grundtatsache bestimmen müßte. Die indische Frömmigkeit könnte uns dabei wie kaum eine andere Religion als Wegweiserin dienen.

Geht es unserer Seele nicht selber, symbolisch betrachtet, wie der schönen Prinzessin Sita, die im Walde von einem bösen Dämon geraubt wurde und seither leben mußte wie eine Gefangene? Wem von uns erlaubt man auch nur so etwas wie Mitleid mit Tieren? Der böse Ravana – das sind heute die vermeintlichen Interessen des Marktes, das ist das Kosten-Nutzen-Kalkül der industrialisierten Landwirtschaft, das ist ein Denken, das zum Zwecke der Testreihen bei Militär und Pharmaindustrie in den Tieren nach wie vor nichts anderes zu sehen gewillt ist als Reflexmaschinen, deren Gefühle und Empfindungen wir getrost vernachlässigen dürfen. Eine Ethik, die dem Stande heutiger naturwissenschaftlicher Erkenntnis entsprechen wollte, müßte als erstes unsere Gefühle aus der Gefangenschaft dieses ebenso absurden wie skrupellosen Pragmatismus erlösen und uns die Fähigkeit zurückgeben, die gesamte Schöpfung in ihrer Schönheit und Größe wieder zu lieben, sie zu verehren, ja, geradezu anzubeten als eine Erscheinung des Göttlichen.

In der indischen Zeitung damals stand nicht, um welch eine Affenart es sich auf dem Flughafen von Santa Cruz gehandelt hat; doch aller Wahrscheinlichkeit nach waren es Hulmans. Diese Langurenart war es, welcher der Affenkönig Sugriva und sein tapferer General Hanuman in der indischen Mythologie angehörten, und ihr gebührt allein schon deshalb Anerkennung und Achtung. Denn nicht nur, daß Hanuman dem Gotte Vishnu in der Gestalt Ramas die geliebte Sita zurückbrachte, uns Menschen hat er die Süße der wohl köstlichsten Frucht der Erde, des Mangobaumes, geschenkt, indem er einen Zweig davon aus dem Garten von Riesen entwendete; dafür sollte Hanuman zur Strafe verbrannt werden, doch glücklicherweise gelang es ihm rechtzeitig, das Feuer zu löschen; einzig die schwarze Farbe seines Gesichtes und seiner Hände verrät seither die Spuren seines verdienstvollen Abenteuers. Gläubige Hindus wissen es ihm bis heute zu danken. Wohlgelitten sind seine Nachfolger sogar in den Gärten, wo sie sich großzügig die Früchte mit den Menschen teilen, und gern gesehen sind sie desgleichen in allen indischen Tempeln, in denen sie mit behenden Sprüngen über die Pfeiler und Mauersimse sich als die älteren Verehrer und Helfer des Gottes Vishnu zu erkennen geben. Jeder, der kann, wird den um Nahrung bettelnden Tieren etwas Gutes zustecken. Und warum auch nicht? Sie nehmen uns nichts weg. Sie fordern lediglich ein wenig von dem zurück, was sie uns gebracht haben ...

Man denke sich, nur einmal des Kontrastes wegen, die Möglichkeit, in das zentrale Heiligtum des römischen Katholizismus, in den Petersdom, würde ein Hund oder vielleicht gar ein Berber-Affe sich verirren; würde man da nicht unfehlbar die Schweizer Garde mit der Jagd nach dem Untier betrauen, auf daß die Heiligkeit und der Ernst des Ortes wiederhergestellt würden? Kann es einen größeren Gegensatz zwischen zwei Religionsformen geben, als er in diesem scheinbar so nebensächlichen Unterschied deutlich wird? Hier eine Frömmigkeitshaltung, die es fast schon als ein Sakrileg betrachtet, sollte jemals ein höheres Säugetier sich in die Nähe betender Menschen getrauen, dort eine Form der Verehrung des Göttlichen, die froh ist, in der Nähe bestimmter Tiere der Nähe des Göttlichen selber gewärtig zu sein! Wie vieles von unserem «christlichen» Hochmut müßten wir abtun, um nicht länger im Namen des biblischen Gottes Krieg zu führen gegen die Natur, sondern in der Welt, die uns umgibt und hervorgebracht hat, erstaunt und dankbar den Spuren des Göttlichen nachzusinnen?

Absichtlich hatte ich des Abends in den Durga-Tempel von Benares ein Päckchen Erdnüsse mitgenommen. Dieses Gotteshaus aus dem 18. Jahrhundert ist der Gattin des Gottes Shiva geweiht, der mit der einen Hand die Welt erschafft und sie mit der anderen Hand zugrunde richtet; Durga – das ist der zerstörerische Aspekt seiner sonst so verlockend schönen Gemahlin Parvati. Man sollte daher erwarten, daß der Tempel selber einen eher düsteren, zu Askese und Entsagung auffordernden Charakter besäße. Doch eben in diesem Tempel tummeln sich besonders zahlreich die Äffchen Vishnus, des Gottes, der die Welt im Dasein erhält. Ich setzte mich an den Heiligen Teich, in dem sich die Gläubigen wuschen, um rein an Körper und Seele der Gottheit des Tods wie der Wiedergeburt entgegengehen zu können. Lange brauchte ich nicht zu warten. Zutraulich trat ein Hulman-Weibchen auf mich zu, langsam, ohne jegliche Eile. Es streckte mir seine lange schmale Hand entgegen und musterte mich fragend mit seinen dunklen buschigen Augen. Kaum gab ich ihm eine der Erdnüsse, als auch schon andere Tiere herankamen, genauso leise und anmutig wie ihre Gefährtin. Andächtig fast verteilte ich sämtliche Nüsse, die ich mitgebracht hatte, und jeder der Hulmans öffnete behende mit seinen Zähnen die weichen Schalen. Als Priester der römischen Kirche habe ich vor Jahren immer wieder Brot wie eine heilige Speise an Menschen weitergereicht. Doch niemals so wie an diesem Abend habe ich etwas geahnt von der universellen Kommunion aller Formen des Lebens untereinander.

Der Elephant

*E*in Tempel in Südindien ist eine Stadt für sich. Basarstra-
ßen, gefüllt mit Handwerkern, Händlern und Rikscha-
Fahrern, gesäumt von einer unübersehbaren Menge kleiner Restaurants und Devotionalienläden, dazwischen ein sich ergie-
ßender Strom von Pilgern, die sich durch die großen Eingänge
über die glutheißen Innenhöfe in den Schatten der hohen bil-
derübersäten Türme drängen – so erlebte ich Srirangam mit
dem großen Heiligtum des Gottes Vishnu. Neunfältig, so lehrt
es der hinduistische Glaube, hat diese Gottheit bereits in der
Entfaltung des Lebens Gestalt angenommen: vom Fisch zur
Schildkröte bis zum Eber reichen die Spuren ihrer Erschei-
nungen, ehe sie schließlich menschengesichtig in dem Hirten-
gott Krishna inkarnierte. Die gesamte Spannweite der Evolution gilt nach indischem Denken als göttlich, auch die Tiere
also gehören ihr zu. Die Wirklichkeit selbst ist gegliedert nach
Stufen, die, bei den untersten Lebensformen beginnend,
schrittweise immer höheren Graden der Vergeistigung zustre-
ben. Nichts ist von dieser Entwicklung ausgeschlossen; alle
Lebensformen verbindet ein einziger schöpferischer Drang
miteinander. Der Mensch ist daher nicht, wie in der christlich-
abendländischen Weltsicht, das isolierte Zentrum der Wirklichkeit, er ist vielmehr, mit den Augen asiatischer Weisheit betrachtet, eine Woge im Meer der Zeit, eine Speiche im Rad des
Kosmos, dazu berufen, Güte und Mitleid zu üben mit allem,
was lebt; nicht ist es an ihm, Herrschaft und Macht anzustre-
ben gegenüber den oft so anders gestalteten und doch im
Grunde so gleich gearteten Geschöpfen an seiner Seite; Göttliches vielmehr wird dem Menschen erkennbar im Tier, und
Göttliches sollte dem Tier begegnen im Menschen. Wie weit ist
das entfernt von der bitteren Feststellung Arthur Schopen-

HAUERS: «Auf dieser Erde leben die Tiere in der Hölle, und ihre Teufel sind die Menschen» …

Von den Gopurams, deren größter nach Norden hin rund 50 Meter hoch in den wolkenlosen azurblauen Himmel ragt, dröhnten soeben die Tempeltrompeten. Die Zeit der Mittagsruhe war angebrochen. Immer noch flutete eine große Masse von Menschen in die Halle der tausend Säulen. Nur an der rechten Seite, auf einer Länge von etwa vier bis fünf Metern, stockte der Strom. Wie ein rasch dahinschießender Fluß an einem Felsenvorsprung am Uferrande das Wasser aufstaut, halbseitige Ringe an dem Hindernis bildet und dann, sich auflösend, wieder weitereilt, so bewegte die Menge der frommen Beter sich an dieser Stelle auf das Sanktissimum zu. Erst als meine Augen sich langsam an das Dämmerlicht des Tempelinneren gewöhnten, erkannte ich den Grund: das «Hindernis» bildete ein indischer Elephant, den man, an Ketten gebunden, dazu abgerichtet hatte, die Tempelbesucher mit seinem Rüssel zu segnen. Das riesige, etwa drei Meter große Tier stand da und legte mit leicht wiegendem Kopf einem jeden der Passanten seinen glatten mächtigen Rüssel aufs Haupt, so als wollte es ihn mit der fingerartigen Rüsselspitze ganz vorsichtig streicheln. Ein wenig scheu, mitunter angstvoll-verlegen lächelnd, nahmen die Tempelbesucher den Segen des Tieres entgegen.

Natürlich kannte ich einen ähnlichen Brauch beim Betreten einer katholischen Kirche: Die Gläubigen bekreuzigen sich mit dem Weihwasser aus einem Becken am Eingang und spenden sich damit in gewisser Weise selber den Segen Gottes. Hier aber war es ein Tier, das als Verkörperung des Göttlichen und als Mittler himmlischen Segens erschien, und welch ein Wesen wäre würdiger dazu als ein Elephant, nicht nur seiner Größe, sondern vor allem seiner Weisheit wegen? Mit welcher Klugheit zum Beispiel legen diese Tiere ihre Straßen durch den Regenwald an, vorbei an Bergkanten und Terrassen, quer durch Sümpfe und reißende Flüsse? Wie geschickt gelingt es ihnen, ihr gewaltiges Gewicht mit sicherem und fast lautlosem Schritt über die schmalsten Gebirgspfade zu balancieren? Und wie außerordentlich ist ihr Gefühl für die Gemeinsamkeit der Herde, wie ausgeprägt die Feinheit ihres Tastsinns, wie überraschend die Leistung ihres Gedächtnisses?

Nicht umsonst verehren die Inder den Elephanten als eine Erscheinungsform göttlicher Macht und Klugheit. Der elephantenköpfige Ganesha war es, der nach dem Diktat des Weisen VYASA das große Nationalepos *Mahabharata* aufzeichnete, und er ist es auch, der, gleich einem indischen Christopherus, die Menschen auf ihren Reisen begleitet. Selber nämlich soll Ganesha mit seinem Bruder Karttikeya sich um die Gunst zweier wunderschöner Frauen, Siddhi und Buddhi, beworben haben – nur demjenigen sollten sie anvermählt werden, der bei einem Wettrennen um die ganze Erde Sieger bleiben würde. Karttikeya lief sogleich los, er lief und lief, doch als er endlich erschöpft von der Strapaze des Weges zurückkehrte, traf er Ganesha längst als den glücklichen Gemahl beider Frauen, denn der war nicht einfach ins Blaue hinein gerannt, er hatte vielmehr als erstes sich Zeit genommen, anhand alter Aufzeichnungen sorgsam den Weg zu studieren. Sind nicht alle Menschen mit all ihrem rastlosen, ratlosen Streben unterwegs nach «Siddhi» und «Buddhi» – nach Lauterkeit und Erleuchtung? An allen Wegen ehrlich Suchender steht unsichtbar ein beschützender, lenkender Gott, um die Menschen in das Heiligtum ihrer Seele zu geleiten und sie am Eingang schon wie im voraus zu segnen. Er ist es, der die Geburt des Erleuchteten selber ermöglicht.

Überall in den Ländern des Hinduismus und des Buddhismus gilt eine ganz besondere Verehrung dem weißen Elephanten. Man erblickt seine Gestalt in den weißen Wolken des Himmels, wenn sie, lange vor Einbruch des Monsuns, regenlos über das dürre, ausgemergelte Land ziehen; wie eine Heilige Hochzeit ist es, wenn endlich die Wasser wolkenbruchartig in der Regenzeit sich über die fruchtbare Erde ergießen; Schwimmer tragen am Ende des Monsuns Statuen des Ganesha ins

Meer hinaus, um die gütige Gottheit des Regens um die Gnade baldiger Rückkehr zu bitten. Die alte Legende von der Geburt des Buddha hat diesen Mythos ins Geschichtliche übertragen: Eines Nachts, im Alter von fünfundvierzig Jahren, habe die Königin Mahamaya, so erzählt man, in einem Traum gesehen, wie ein weißer Elephant mit einem weißen Lotos im Rüssel sich ihr näherte und in ihren Leib einging. Als am anderen Morgen ihr Gemahl Suddhodana die Brahmanen nach dem Sinn des Traumes befragte, erklärten ihm diese, die Königin habe soeben auf jungfräuliche Weise einen Knaben empfangen. Es scheint kein Zweifel, daß diese Erzählung auch die Legenden von der Geburt Jesu im Neuen Testament angeregt hat. Was dort der Engel Gottes, das ist hier der weiße Elephant. Ein Tier als Götterbote, ein Tier als Weggeleiter zwischen Erde und Himmel, dieses größte aller Landsäugetiere als Träger einer unendlich sensiblen, göttlichen Mission – was ist das für eine so ganz anders geartete Frömmigkeit, welche die Menschen in den Stand setzt, Tiere in solcher Weise wahrzunehmen und zu verehren?

Freilich, ich wünschte mir, man hätte diesem Elephanten die qualvolle Khedda erspart, bei der man auch heute noch, meist mit über zweitausend Treibern und mehr als fünfzig Arbeitselephanten, in einer oft wochenlangen erbarmungslosen Jagd die letzten großen Elephantenherden Südindiens einkreist und nach und nach dem Fangkral zutreibt, wo sie dann isoliert und zu ihrer späteren Tätigkeit abgerichtet werden; ich wünschte mir, man ließe ihn wieder frei oder hielte ihn außerhalb dieses Besucherstroms, schon aus Dankbarkeit für seine vieljährige Pein in Ketten und Dunkelheit, als verdienstvollen Pensionär in Ehren. Muß man immer wieder den Gott erst quälen, damit er zu einem Sinnbild von Segen, Vergebung und Güte wird? Doch ein Sinnbild war dieser Elephant. Ein ganz wunderbares sogar.

Die Quallen

*E*s bleibt weiter sommerlich warm, ein leichter Wind weht aus Südwest, am Nachmittag gelegentlich Quellbewölkung und Wärmegewitter, sonst heiter und freundlich.»
Ich drehte das Radio ab. Mein erster Ferientag. Am Vorabend war ich mit dem letzten Zug über den Hindenburg-Damm in Westerland angekommen und mit dem Bus bis zur Südspitze nach Hörnum zu einem vereinbarten Logis gefahren. Selbst im Ort war es bereits stockdunkel gewesen. Jetzt breitete sich das tiefstehende Licht der aufgehenden Sonne über die Dünen und überzog die Gräser mit schimmerndem Gold; ich genoß das blauweiße Flirren des wolkenlosen Himmels, an dem vereinzelte Möwen ohne Flügelschlag dahinschwebten. Gewohnheitsmäßig griff ich beim Frühstück zur Zeitung: In Ruanda war ein Flüchtlingslager mit etwa dreihundert Hutus, Frauen und Kindern, bei einem Racheakt der Tutsis niedergebrannt und geplündert worden; die französische Regierung beharrte auf ihrem Plan, eine Reihe von Atombomben auf dem Mururoa-Atoll zu zünden; die US-Amerikaner wollten das Handelsembargo gegen Kuba international ausweiten; im Irak starben in jedem Monat fast dreitausend Kinder an den Folgen medizinischer Mangelversorgung und an den Auswirkungen der Zerstörungen, die von den Alliierten in den letzten Tagen des Golfkrieges 1991 durch den Abwurf «intelligenter Bomben» angerichtet worden waren; auf Borneo und in Brasilien brannten die Urwälder weiter; in den Vereinigten Staaten wurde die Todesstrafe so häufig verhängt wie seit Jahrzehnten nicht mehr... Ich faltete das Blatt zusammen. Immer wieder dasselbe, und man kann doch nichts dagegen tun... Aber das Wetter heute sollte schön werden. Auf mich wartete das Meer.
Unterhalb des Leuchtturmes, in der Nähe des kleinen Ha-

fens, gelangte ich an den Strand. Es war noch früh am Morgen, erst gegen neun Uhr, und doch begann bereits die Hitze sich über dem weißen Sand zu stauen. Ich zog die Schuhe aus, um die wohltuende Wärme unter meinen Füßen zu spüren. Die See lag ganz still. Graugrüne Wellen plätscherten leise murmelnd ans Ufer. Ein schmaler Streifen feuchten Sandes verriet, daß die Ebbe bereits eingesetzt hatte. Der Untergrund dort war fester und kühler, und so folgte ich wie von selbst dem Saum des letzten Wasserhochstandes. Ich ahnte nicht, daß ich sehr bald zum Zeugen einer Tiertragödie werden sollte.

Aus Gründen, die den Ozeanographen so unbekannt sein mögen wie den Meteorologen, liebt das Meer es offenbar, in bestimmten Regionen einzelne Lebensformen wie Quallen oder Muscheln in ausgedehnten Kolonien hervorzubringen; dann verdriftet sie der Strom der Gezeiten und die Stellung des Windes, und irgendwann kann es geschehen, daß sie in großer Zahl an den Strand gespült werden. Quallen habe ich lieb gewonnen seit dem Tag, da ich sie zum ersten Mal als Kind in dem Meerwasseraquarium in Wilhelmshaven gesehen habe: blaue und braune Gebilde, die, tellergroß oder auch fingerhutklein, sich durch das Wasser tragen ließen, jeder Bewegung in dem mit Sauerstoff durchperlten Becken folgend, durchsichtig fast wie lebendes Glas, dabei zart und überaus verletzlich. Dutzende solcher Quallen lagen plötzlich vor meinen Füßen. Das Meer hatte sie nicht eigentlich ausgeworfen, eher hatte es sie wie vorsichtig abgelegt, doch ihr Schicksal schien um nichts weniger grausam entschieden zu sein: immer weiter würden während der Ebbe die kühlenden Wellen sich von ihnen zurückziehen, der noch feuchte Sand unter ihnen würde in wenigen Minuten schon zu warmem Pulver vertrocknen, und dann, in den nächsten Stunden, würde die Sonne ein übriges tun und sie in unansehnliche, übelriechende Häufchen verwandeln. Es würde den Tod dieser Tiere bedeuten, die qualvollste Art, auf die eine Qualle nur umkommen kann.

Kein Mensch bis heute verfügt über irgendeine Vorstellung,

was Quallen empfinden, wenn sie sterben. Empfinden sie überhaupt etwas? Es gibt Untersuchungen über den Reaktionsmechanismus von Nesselzellen, doch was besagt das über das Schmerzempfinden gewisser Hohltiere? Zudem: Quallen können an Badeständen zu einer wirklichen Plage für die Kurgäste werden; und außerdem kann es nicht weiter schlimm sein, wenn etliche von ihnen an irgendeinem unbeachteten Sandstrand verenden. Allemal bringt die Natur genügend von ihnen hervor. Auch besitzen Quallen keinen erkennbaren Nutzen, nicht einmal für die Möwen, die in ihrer Nahrungsauswahl gewiß nicht zimperlich sind. Mit einem Wort: es gab nicht einen einzigen vernünftigen Grund, sich um die Tiere weiter zu kümmern. Das Meer ließ sie leben, das Meer ließ sie sterben, das übliche Kommen und Gehen, nichts weiter. Mir aber taten die Quallen leid. Denn so viel stand fest: keine von ihnen noch vor wenigen Stunden hatte damit rechnen können, dort zu sein, wo sie jetzt war; in jeder von ihnen lebte der Wunsch zu leben, und jede von ihnen an diesem tödlichen Sandstrand empfand so viel Schmerz, wie sie nur irgend zu empfinden imstande war.

Quallen kann man nicht mit bloßen Händen anfassen. Das Gift, das sie versprühen, hinterläßt ein unangenehmes Brennen auf der Haut und erzeugt manchmal sogar allergische Reaktionen. Wie aber, wenn ich eine jede von ihnen einfach mit dem Sand unter ihr ausgraben und sie die wenigen Meter hinüber ins Meer tragen würde? Ich brauchte nur die Hosenbeine hochzukrempeln; für mich würde das Wasser eine zusätzliche Wohltat bedeuten, für die Quallen aber würde es eine Rettung im letzten Augenblick darstellen.

Ob die Quallen wirklich gerettet wurden, kann ich nicht sagen. Mindestens eine Stunde lang hätte ich zuschauen müssen, ob das Meer, wenn es sich weiter und weiter zurückzog, sie noch einmal mitnehmen würde oder sie schon ein paar Schritte weiter erneut achtlos liegen ließ. So viel Zeit wollte ich nicht mit den Quallen verbringen. Ich wanderte weiter, den Strand

entlang, hinauf zu den Dünen, am Leuchtturm und den
schmucken Ferienhäuschen am Dorfrand vorbei und setzte
mich schließlich unter einem Sonnenschirm auf die Garten-
bank vor einem kleinen Café. Die ganze Welt atmete Frieden.
Und dennoch wußte ich: dieser Atem war trügerisch. In eben
dieser Minute starben ganz sicher noch weitere Menschen in
Ruanda, verröchelten noch immer Kinder in den Spitälern von
Bagdad, verdarb den ganzen Sommer lang die Zuckerrohrernte
der kubanischen Bauern, verbrannten bei Tag und bei Nacht
unzählige Tiere und Pflanzen in den tropischen Regenwäldern,
und ich saß da und würde rein nichts, absolut gar nichts an all
dem zu ändern vermögen. Und doch: an diesem Morgen
spürte ich so etwas wie einen Trost. Ich hatte versucht, ein paar
Quallen das Leben zu retten. Vielleicht sinnlos. Vielleicht ganz
umsonst – schon die nächste Flut würde andere Tiere als lebendes Strandgut ausspülen. Für den Lauf der Welt waren ein paar
Dutzend Quallen vollkommen gleichgültig. Doch was ist nicht
gleichgültig für den Lauf der Welt? Für ein einzelnes Lebewesen aber ändert sich die gesamte Welt, je nachdem, ob es
Schmerz empfindet oder sich wohlfühlt. Für ein einzelnes Lebewesen entscheidet sich alles, je nachdem, ob es lebt oder
stirbt. Und ein wenig wenigstens davon können wir mitent-
scheiden – trotz allem.

Karpfen und Flußkrebse – lebend

Seit 1983 wurden im US-Staat Texas 144 Häftlinge hinge-richtet.»

Als wäre diese Meldung nicht in sich bereits schrecklich ge-nug, zeigte die Zeitung, die sie am 7. Januar des Jahres 1998 veröffentlichte, ein geradezu sadistisches Interesse an einer be-stimmten Einzelheit dieses finalen Strafvollzugs: Was haben die im Namen des Volkes zum Tode Bestimmten in den letzten Stunden ihres Lebens noch gegessen, bevor man sie aufhängte, vergiftete, vergaste oder auf dem elektrischen Stuhl verenden ließ? «Kaum vorstellbar», plauderte dieses unsägliche Blatt in seiner obszönen Recherche daher, «daß sie Appetit hatten – fast alle... bestellten eine letzte Mahlzeit.» Und so wurde da auf-gezählt, was sie zur Henkersmahlzeit noch zu sich genommen hatten – Vernon Sattiewhite, der 1995 starb, Richard Brimage, den man zwei Jahre später tötete, Harold Barnard, der 1997 auf dem Gerichtswege zum Tode befördert wurde, Larry Wayne White, dem man vor seiner Hinrichtung im Jahre 1997 noch den letzten Wunsch nach einer Zigarette abgeschlagen hatte, da in einem texanischen Gefängnis nun mal nicht geraucht wer-den darf... Ich prägte mir all diese Namen ein, im Wissen, daß auf dem Friedhof in Huntsville, Texas, von den Hingerichteten nichts übrig bleiben würde als ein Holzkreuz ohne Namen, nur die eingravierte Gefangenennummer.

Hier aber ging es um die Frage, wie viele Doppel-Cheese-burger die im Namen des Volkes zu Tötenden denn nun noch auf Kosten des Steuerzahlers verzehrt hatten, bevor man sie we-nig später als tote Körper gerichtlich zu entsorgen gedachte.

Angewidert verließ ich das kleine Bootscafé, in dem ich bei einem Kännchen ostfriesischen Tees diesen Artikel in der aus-gelegten Zeitung gelesen hatte. Ein für die Jahreszeit überraschend warmer Südwest-Wind wehte vom Strand herein und trieb in Böen klatschende Regenschauer vor sich her, die aus den schwarzblauen Flecken am grau verhangenem Abendhimmel in Strömen sich ergossen. Ein trister Tag ging zuende, mit dem ich bis jetzt nichts Rechtes anzufangen gewußt hatte. Auf einem schmalen Durchgang verließ ich die vordere Strandhaferzone der großen Düne und traf auf ein hell beleuchtetes Restaurant. Die großen Scheiben gaben den Blick in das stilvoll eingerichtete Innere frei: Schiffsmodelle von Barken und Dreimastseglern schwankten über den mahagonifarbenen Tischen, die mit bunten Decken und kleinen Windlichtern geschmückt waren. In der hinteren Ecke, in weiß-blaue Matrosenanzüge gekleidet, saßen zwei Kellner und warteten darauf, daß im Verlaufe des Abends noch ein paar Gäste das leere Lokal auffüllen würden. Viele würden es gewiß nicht sein; jetzt, nach den Feiertagen, begann die stillste Zeit des Jahres, – die meisten gastronomischen Betriebe hatten ohnedies geschlossen.

Ein wenig fröstelnd genoß ich den einladenden Anblick dieser Räumlichkeit, der eine gemütliche Wärme verhieß, da fiel mir ein Schild auf, das über dem Aushang der Speisekarte am Eingang angebracht war: Karpfen und Flußkrebse – lebend. Und jetzt sah ich sie: Dicht in der Nähe der Garderobe stand ein etwa zwei Meter langer Glasbehälter, randvoll mit Wasser gefüllt. Eine verstellbare Trennscheibe ließ etwa zwei Drittel des Bassins leer, um in dem vorderen Abschnitt acht große Karpfen auf engstem Raum zusammenzudrängen. Dicht an dicht standen die Tiere wie bewegungslos, alle in dieselbe Richtung blickend, im Wasser. Ihre hervorstehenden, stechenden Augen starrten ins Nichts. Nur der eingeleitete Sauerstoff perlte in kleinen Luftblasen zwischen ihren grauen Leibern hindurch. Den Boden bedeckte eine etwa fünf Zentimeter hohe braune Schicht, gebildet von den Leibern unzähliger Flußkrebse. Aufeinandergestapelt, übereinander hinwegkriechend stellten diese Tiere sich als eine breiige Masse dar, die von innen in ständiger Bewegung gehalten wurde.

86

«Lebend»? – Was für ein merkwürdiges Wort in einem solchen Zusammenhang!

Diese Tiere fristeten ihr Dasein in einem Behälter, so leer wie eine der Todeszellen in Texas. Am Rande einer minimalen Versorgung ließ man sie gerade noch eben dahinvegetieren. Irgendwann würde einer der Gäste kommen und sich just einen Karpfen oder ein Gericht mit Krebsen bestellen; dann würde einer der Kellner die Trennscheibe in dem Bassin noch enger stellen und den Fluchtraum der Fische einengen, um mit weniger Mühe einen von ihnen dem Wasser entnehmen zu können. Schließlich würde er das zuckende, um sein Leben ringende Tier auf einem Teller in die Küche tragen, wo man es mit einem Messer der Länge nach aufschneiden oder als «Karpfen blau» lebendig in kochendes Wasser werfen würde. Die Krebse würde man gewiß genauso behandeln. Auf diese Weise konnte der Gast ganz sicher sein, daß man «die Früchte des Meeres» wirklich ganz frisch für ihn «erntete».

Die Container fielen mir ein, in denen man, in Fächern verpackt, bei niedrigen Temperaturen ständig mit Wasser berieselt, Millionen von Schalen- und Krustentiere wie lebende Konserven durch ganz Europa verfrachtete. In den östlichen Bundesländern, so besagten neuere Nachrichten, plante man soeben die Errichtung von Großanlagen, um bis zu 800 000 Legehennen in engen Drahtkäfigen halten zu können – die kapitalistische Form der Landwirtschaftlichen Produktionsgenossenschaften boomte. Die westfälische Landwirtschaftskammer hatte vor kurzem noch die Bauern in Ostwestfalen-Lippe zur Intensivmast von Schweinen ermutigt, wobei Bestände von 700 Tieren keine Seltenheit mehr sein dürften. All die Kundgebungen gegen die Massentierhaltung, gegen die millionenfachen Tierversuche in den Pharmalabors, in den Universitätskliniken und, am schlimmsten, in den Tötungs- und Schmerzfabriken des Militärs, all die zahllosen Protestaktionen und Unterschriftenlisten gegen die quälerischen Tiertransporte – was hatten sie genutzt? Die Ausrottung von vier Millionen britischen Rindern aus Angst vor einer Übertragung von BSE ging weiter; soeben machte man sich in Hongkong an die Vernichtung von 1,8 Millionen Hühnern, aus Angst vor einem bestimmten Grippevirus; in Mecklenburg-Vorpommern und Nordrhein-Westfalen wurden gerade Hunderttausende von Schweinen aus Angst vor der Schweinepest gekeult – allein diese Zahlen, wer hätte sie vor zwanzig Jahren auch nur für möglich gehalten? Das alles ging ungehemmt so weiter, moralische Skrupel existierten offensichtlich nicht mehr.

Ich schaute die Karpfen an. Keiner von ihnen konnte auch nur ahnen, was man, womöglich bald schon, mit ihm vorhatte; je nach dem Zufall würde im gegebenen Augenblick dasjenige Tier zum Tode bestimmt werden, das gerade obenauf schwamm oder auf das der Blick seines Fängers als erstes fallen würde. Der einfache Appetit eines Menschen rechtfertigte anscheinend diese Tierquälerei, und sicher erst recht die Interessen des Marktes. Was konnten die Restaurantbesitzer, die Köche und Kellner dazu, wenn ihre Kunden den Wunsch aussprachen, jene Tiere noch einmal lebend zu sehen, die ihnen dann als Kadaver serviert wurden? Was konnten die Bauern dazu, die aus Furcht um den Bestand ihrer Höfe in Scharen in die «Intensivmast» der «industrialisierten» Landwirtschaft gezwungen wurden? Wenn es doch so verlangt wird? Wenn es doch so rentabel ist?

Schon zanken sich in den USA diverse Fernsehanstalten um die landesweiten Rechte für die Life-Übertragung einer Hinrichtung; schon zeigt man vor laufender Kamera Angehörige von Gewaltopfern, wie sie mit eigenen Augen der Exekution des betreffenden Täters beiwohnen durften: – sie äußern sich zutiefst befriedigt, sie finden allenfalls, der Delinquent habe nicht lange genug gelitten – «was er unserer Sarah angetan hat, war schlimmer».

Wenn es doch gewünscht wird? Wenn es doch rentabel ist?

Wo gibt es eine Grenze menschlicher Willkür gegenüber den Kreaturen? Wo gibt es eine Grenze juristischer Scheinheiligkeit gegenüber den Rachephantasien eines verblendeten Voyeurismus? Sollte es wirklich sein, daß in dieser Welt von Markt und Kommerz Mitleid nichts weiter mehr darstellt als «ein gefährliches Abgleiten in eine zu stark emotionale Betrachtungsweise»?

So viel steht fest: Wen der Anblick unschuldiger Tiere nicht erschüttert, die man nur noch leben läßt, um sie auf Bedarf hin zu töten, der wird auch von dem Anblick vermeintlich schuldiger Täter nicht weiter berührt werden, für die man das Datum ihrer gerichtlich legalisierten Ermordung bereits terminiert hat.

Artenschutz, artgerechte Tierhaltung, Umweltschutz — solange solche Worte nur wie ein Alibi ohne praktische Verbindlichkeit sind, werden wir das wichtigste Ziel der Kultur nicht erreichen: Menschen zu schützen vor anderen Menschen und dabei am meisten zugleich vor sich selber.

Als ich von dem Restaurant fortging, spürte ich den niedergehenden Regen kaum noch. Es war, wie wenn der Himmel weinte. Nein, dieser Tag war nicht umsonst gewesen. Der stumme nach Luft schnappende Mund der Karpfen über dem Gekrabbel der Krebse würde nicht aufhören, zu mir zu reden.

Die Fische

Nach Bad Ems geraten war ich auf den Spuren Dostojewskis: an diesem Ort hatte er nicht nur im
Jahre 1875 ein Lungenemphysem behandeln lassen, hier hatte
er drei Jahre später auch seinen großen Roman *Die Brüder Ka-
ramasow* geschrieben. Kein anderer großer Autor der Weltlite-
ratur hat so wie er das Leid des Menschen und die Möglichkeit
seiner Erlösung in den Mittelpunkt des gesamten Werkes gestellt.

Ist das Leiden eine Folge von Schuld, wie es das Christentum
lehrt? Doch was ist es dann mit den unschuldig Leidenden, mit
den Kindern zumal? Und wenn der Mensch wirklich schuldig
wird, weil er von Gott als frei geschaffen wurde, gebietet es
dann nicht die Menschlichkeit, ihm im Namen Gottes die
Freiheit wieder zu nehmen, wie der Zentralismus des römischen Kirchenstaates es beispielgebend bis heute versucht?

Solche Gedanken beschäftigten Dostojewski bei seinem
zweiten Aufenthalt in Bad Ems.

Wer den winzigen Bahnhof der unter dem Zaren beliebten
Bäderstadt verläßt, braucht nur wenige Meter über die Straße
zu gehen, und er trifft auf das Haus, in dem der russische Autor
damals gewohnt hat. Gerade so paßte es zu ihm: gleich die erst-
beste Herberge hat er genommen, ohne sich nach anderen
Möglichkeiten auch nur umzusehen. Was bedeutete ihm ein
Wohnraum, wo er die ganze Welt in all ihren Widersprüchen
in seinem Inneren beherbergte?

Ein paar Schritte weiter schon fließt die Lahn, überwölbt
von einer weiß gestrichenen Brücke. Es war ein warmer Som-
mertag, als ich sie betrat. Kästen mit rosafarbenen Geranien
schmückten die Geländer. Wie ein glitzerndes Band aus Gold
lag das Licht der Mittagssonne über dem Wasser und umspielte

die mondäne Fassade des Kurhauses; dahinter erhob sich verlockend, dicht an der Promenade, die Kuppel der Spielbank. Genau so muß DOSTOJEWSKI sie damals gesehen haben; aber schon 1871, in der Nacht zum Freitag, dem 28. April, in Wiesbaden, hatte er seine Spielsucht ein für allemal überwunden. Was für einen Selbstgenuß innerer Freiheit muß es ihm bedeutet haben, hier in Bad Ems diesen so augenfällig sich darbietenden Ort seines ehemaligen Lasters ohne größere Mühen meiden zu können!

Ob er wohl den Widersinn dieser Kurstadt verstanden hat?

Nicht nur, daß man die Stelle noch festhielt, an welcher König Wilhelm I. am 13. Juli 1870 die Forderungen Frankreichs an Deutschland zurückwies und damit den deutsch-französischen Krieg auslöste. Unmittelbar hinter der gepflegten Bäderkulisse, nur etwa drei Kilometer weiter, befindet sich der alte Stolleneingang in das Kohlebergwerk der Stadt. Die Arbeiter hier ruinierten sich in dem stickigen Kohlenstaub der Strebs ihre Lungen. Keiner von ihnen durfte hoffen, jemals in den Genuß der Kurmittel zu gelangen, die den gesellschaftlich Höhergestellten vorbehalten waren. Viele von ihnen kamen von weit her – zwei Stunden Fußmarsch zur Anfahrt waren durchaus keine Seltenheit. Sie arbeiteten, sie gingen nach Hause, sie gingen zur Arbeit; sie waren kaum 45 Jahre alt, da mußten sie für Invaliden gelten. Und sie blieben unbeliebt. Mit ihrem Bergwerk gruben sie der schönen Bäderstadt buchstäblich das Wasser ab, auf das sie therapeutisch so stolz war.

Von all dem hat DOSTOJEWSKI gewiß kaum je etwas zur Kenntnis genommen. Seine Welt – das war die kleine russische Kolonie, die sich im Schutze des Kaiserhauses seinerzeit ihre eigene Kirche erbaute, und natürlich die Liste der Heilanwendungen für seine angegriffene Gesundheit.

Den Fluß abwärts, über eine zweite Brücke hinweg, etwa in Höhe der russischen Kapelle, warf eine Wasserfontäne sich perlend und schäumend in das Blau der heißen Sommerluft. Gondeln glitten rechts am Hang hinauf und herunter, um den Badegästen den mühsamen Aufstieg an der steilen Bergwand zu den waldigen Höhenzügen mit ihren Wanderwegen und Ausflugszielen zu ersparen. Drunten im Tal beidseits der Lahn lagen die Straßen fast menschenleer. Die Mittagshitze drückte die meisten Spazierwilligen in die schattigen Hallen und Zimmer der Hotels und Pensionen zurück. Etliche Geschäfte und Restaurants hatten überhaupt ganztägig geschlossen – jetzt, zur Hochsaison, ein untrügliches Zeichen für die Krise des gesamten Kurbetriebs. Die Rezession hinterließ ihre Spuren, die Lage der Krankenkassen tat ihre Wirkung. Konnte es sein, daß ein renommiertes Staatsbad mit einer großen Geschichte unverschuldet in den Konkurs ging? Offenbar ja!

Erst jetzt bemerkte ich unten in dem grüngelben Wasser von der Brücke aus einen Schwarm kleiner Fische in Ufernähe. Wie tief der Wasserstand schon gesunken war – und das hier, an der Lahn, einem Fluß, der zwischen den einzelnen Staustufen wie ein See fast stillsteht. Wie würde es da erst an den anderen Flüssen, der Weser, dem Rhein, bei Niedrigwasser aussehen! Den Fischen würde nach und nach der notwendige Sauerstoff entzogen werden; verzweifelt würden sie zwischen den Steinen am Grund nach den letzten Wassertümpeln suchen, und dann würde das Schicksal mit ihnen um Sein oder Nichtsein spielen. Einige Tiere würden rein zufällig Glück haben und in die Mitte des Stromes gelangen, andere, weniger begünstigte, würden am Rande des Stromes einem elenden Sterben entgegensehen, wenn nicht einzelne vorbeifliegende Möwen oder ein paar streunende Katzen ihr qualvolles Leiden verkürzten.

Das Leid der Menschheit, was war es anderes als ein schmaler Ausschnitt der alltäglichen Tragödien der Kreatur? Aufstieg und Untergang ganzer Städte und Stände, das Kommen und Gehen von Völkern und Reichen, Genesung oder Erkrankung im Leben des Einzelnen, Gelingen und Scheitern in seinen Bemühungen: – Schuld? Wie konnte davon die Rede sein? Erlösung – wie sollte sie jemals gelingen! Möglich, daß zum Beispiel ein heißer Sommer wie dieser bereits eine Folge schwerer umweltpolitischer Versäumnisse darstellte; doch was konnten die Fische dazu? Wenn sie litten, dann ohne jede eigene Verursachung. Sie traf es vollkommen unschuldig. Gerechtigkeit – was scherte sich die Natur darum?

DOSTOJEWSKIS Gedanken mochten absolut richtig sein mit Bezug zu den Gefühlen und Handlungsweisen der Menschen; doch selbst ein so beschaulicher Ort wie das kleine Bad Ems zeigte untrüglich die Grenzen aller menschlichen Gedanken auf. Niemand hat jemals tiefer in die Abgründe der menschlichen Seele geschaut als der russische Dichter; aber ein kurzer Seitenblick schon in das Wellenspiel eines Flußlaufs ließ das Empfinden erschauern. Um wieviel unheimlicher noch und um wieviel rätselhafter, als der Mensch sich selber im Werk DOSTOJEWSKIS erscheint, mutet uns die Natur an, der wir entstammen? Werden wir ihr nicht immer noch fremder, je besser wir uns von ihr her zu begreifen beginnen?

Die Sonne war schon ein Stück weiter nach Westen gerückt. Die Straße an der linken Flußseite hüllte sich in die länger werdenden Schatten der angrenzenden Gebirgszüge des Taunus. Das Blau des Himmels tauchte sich kräftiger in die Farbe des Wassers und übermalte den Blick in die Tiefe. Mit all den grüblerischen Zweifeln versöhnte allein dieser Anblick einer fast ehrwürdigen, abendlich verträumten Schönheit.

Prielwürmer und Möwen

Keine Landschaft der Erde grenzt so nah ans Unendliche wie der Ufersaum des Meeres. Nirgendwo sonst dehnt die Kleinheit der Welt sich derart ins Weite; nirgendwo sonst verschwimmen so träumerisch die Konturen der Dinge zu Schemen und Schatten; und nirgendwo sonst werden die Menschen sich selber so winzig wie an der schmalen Zone aus Sand, die das Meer fortschwemmt und anschwemmt, ganz wie es will. Doch was ist hier Wille, Gesetz oder Zufall, was Spiel, was Notwendigkeit? Was ist die Wirklichkeit hinter den ruhelos rollenden Wogen aus Wasser und Schaum? Das Meer ist ein Ort, an dem das Fragen nicht endet.

Die eigentliche Zeit des Meeres ist der Herbst. Oder der Winter. Auf keinen Fall der Sommer mit seinem bunten Treiben spielender Kinder, tollender Hunde und badender Feriengäste auf der Suche nach Sonne, Gesundheit und Schönheit, eine Zeit der lauten Freuden und der lärmenden Wichtigkeiten menschlicher Selbstdarstellung, die jeden Winkel freien Strandes auf das Format einer Postkarte zusammenschrumpfen läßt, als wäre die Majestät des Meeres die bloße Kulisse organisierter Genüsse und desorganisierter Betriebsamkeiten. Die Symphonie des Meeres hebt an, sobald die Strandkörbe sich leeren und nur hier und da noch eine alte Frau, ein alleinstehender Mann sich mit geschlossenen Augen in die Strahlen der Sonne halten, wie um ein letztes Mal von der Wärme der Welt sich streicheln zu lassen. Bald schon danach gehört das Meer nur sich selbst, hingegeben dem Wind und den Wolken, dem Kreischen der Möwen und dem Zauber eines immer blasser schimmernden Lichtes – ein ständiger Wandel in ewigem Gleichmaß, ein rastloser Rhythmus von Kommen und Gehen, von Milde und Strenge, von Gewähren und Zerstören, ein Atemholen am

Rande des Kosmos, dessen Zeuge wir sind zwischen Ebbe und Flut, zwischen Leben und Tod.

Jeder Spaziergang am Strand führt wintertags nach wenigen Metern an das Gestade der Ewigkeit, und jede Woge rauscht jetzt das seltsame Lied einer unerforschlichen, unerbittlichen, unermeßlichen anderen Welt mit einer ihr eigenen, fremdartigen Ordnung. Noch eben duckten die riedgrasgedeckten Hütten und Häuser sich bergend unter die Böschung der Deiche, da wirft vom offenen Meer der Wind sich böenartig entgegen, zerrt an der Kleidung, umtost die Ohren und treibt wie mit unsichtbaren Peitschenhieben die Herde der Wellen vor sich her. Diese, weit draußen bereits, als wollten im Anlaufnehmen sie ihre Stärke erproben, branden vereinzelt hervor und rollen flach in der Dünung dahin; dann plötzlich, hochfahrend, stürmen sie an, geben stoßweise ihre Kraft in pulsierendem Schwingen an die nächste Wellenfront weiter, bis diese, graugrünlich züngelnd und Schaum aufwerfend wie das Maul eines wütenden Tieres, an ihrer eigenen Größe zerbricht, sich selbst überströmt und in einen weißlich gebänderten Teppich aus Gischt sich entleert; noch einmal schwingt dieser auf, dann leckt die salzige Flut mit kreisenden Zungen flach über den Strand, speit ihren Speichel aus, und der Wind nimmt ihn auf und fegt ihn in Ballen voran, wie um den vordringenden Fluten bereits den Weg ihrer künftigen Eroberungen zu weisen. Schon aber fluten die Wasser wieder zurück, uninteressiert an ihrer neu gewonnenen Habe, gleiten hinweg, schwemmen nach vorn – Gewinn und Verlust, Besitztum und Recht, Anspruch und Eigentum, Dein und Mein, – wie sinnlos werden all diese menschlichen Worte und Werte, wie absurd die Grundbegriffe menschlicher Moral und Gerechtigkeit auch nur in dem Auf und Ab einer einzigen Tide, dieser unablässigen Auflösung und Neuschöpfung aller Grenzen von Festland und Meer!

Alles wird trügerisch durch die Vertauschung der Maßstäbe, nach denen wir unsere menschlichen Einteilungen und Zuordnungen für «naturgegeben» halten, nur um dann die Natur «unmenschlich» und grausam zu schelten, weil sie sich an unsere künstlichen Kategorien nicht hält. In Wahrheit folgt die Natur im Kleinen wie im Großen denselben Mustern und Regeln, ohne Rücksicht darauf, wen aus der Kette des Lebens für einen flüchtigen Augenblick ihrer unerschöpflichen Zeit sie als Sieger oder Verlierer erhebt oder erniedrigt.

Soeben führt der Strandpfad an einem Sperrwall aus betongegossenen Tetrapoden vorbei, die den Sog der Gezeiten am Riff nach Möglichkeit abschwächen sollen: das Meer soll nicht spielen mit dem Raum, in dem die Menschen sich eingerichtet haben, es soll nicht Schicksal spielen mit uns, die wir diese Strandzeile für teures Geld auf dem Immobilienmarkt erstanden haben, es soll die Marken beachten, die wir ihm zu unserem Schutz entgegenstellen. Und doch verhält sich das Meer zu uns Menschen nicht anders als sonst zu allen anderen Lebewesen. Ist es tückisch, nur weil es unberechenbar, ist es mörderisch, nur weil es mitleidlos daliegt in seiner blinden, allmächtigen Unschuld?

Da erheben sich vor der Düne, die von dem letzten Gezeitenhöchststand nicht mehr berührt wurde, inmitten eines Gewirrs von winzigen Rillen und Rinnen quer zu der Wellenfront der neu einsetzenden Flut eine Reihe kleiner Sandberge, – die verwaisten Stiefkinder des letzten Meeresvorstoßes. Niemand kann sagen, warum ein einzelner Graben, als die Wasser sich verliefen, gerade hier in den Sand gefurcht ward, warum er gerade an dieser Stelle mit einem größeren Arm sich vereinigt und nun in geschwungenem Bogen die neu geschaffene Insel halbseitig einhüllt und von einer anderen trennt, die mit ihr entstand; niemand, wenn er auf die See schaut, kann sagen, wann je an einer bestimmten Stelle eine Welle sich aufwirft oder absenkt und wie ihr Wechselspiel sich jeweils zu besonderen Formen aufsummiert; eben diese prinzipiell unvorhersehbaren Einzelereignisse aber müßte man kennen, um zu verstehen, wie sich die Strömungsrichtungen der Wellen in den

Bodenrillen abbilden und eingraben. Doch nun, wenn die neue Flut aufläuft, werden diese Zufallsgebilde der letzten sechs Stunden zu den Einfallstoren einer neuen Zukunft im Kleinen: in sie hinein ergießt sich versuchsweise das erste Zurückfluten der Wogen – überschwemmt hier eine Dünung aus Sand, reißt dort eine eben errichtete Aufdeichung nieder und spielt mit sich selbst wie ein übermütiges Kind. Es spielt damit auch um Leben und Tod der unzähligen winzigen Wattwürmer, die sich mit ihrem ganzen Dasein einbohren in den feuchtweichen Sand, ihn verzehren und wieder ausscheiden und aufwerfen in kleinen Häufchen, die jede neue Welle davonträgt. Kurzzeitige Kinder der Gezeiten zu sein – mehr ist diesen Gebilden aus der Frühzeit des Lebens durchaus nicht vergönnt.

Es sind eben diese launigen Spiele, es sind eben diese notwendigen Regeln, die in Jahrhunderten Leben gewähren und Leben gefährden. Was hier als ein winziges Rinnsal sich bildet, weitet sich anderswo am nordfriesischen Ostrand der Nordsee zu einem riesigen Strom, nennt sich dann Nord-Hever oder Süder-Aue, gräbt sich im Verlauf von Jahrhunderten gegen das Festland vor und bedroht die gesamte Halligenwelt. Doch was ist hier Festland, was Geest oder Marsch, was Insel und Watt? Höhenunterschiede, die nichtig scheinen in der Erstreckung von Raum und Zeit, definieren für eine gewisse Übergangszeit, was gerade eben noch gilt. Ein Festes ist nicht, nur ein Spiel von Verlust und Gewinn, dessen Endresultat ständig Null ist. Nie nimmt diese rauschende Flut, was sie nicht anderswo schenkte, und niemals vermag sie zu geben, was sie nicht andernorts raubte. Nur wir Menschen graben uns fest und bestimmen das Schicksal, als könnten wir Ansprüche stellen, wo nichts ist, was unsere Sprache versteht.

In den kleinen Kanälen der einlaufenden Flut halten Möwen Ausschau nach Nahrung, picken nach zerschlagenen Muscheln und Krebsen, klopfen mit ihren Füßen die Wattwürmer aus ihren Verstecken und weichen dabei geschickt dem Andrang der Wellen aus. Sie sind einfach da, wie ein selbstverständlicher Teil inmitten der unbegreiflichen Schönheit dieser so seltsamen Welt. Ungerufen erscheinen sie, und unbetrauert vergehen sie, und ihre Spuren zerstreichelt die nächste Woge bereits in ein spurloses Nichts. Und doch bezeugt alles die Neigung des Lebens, auch noch die kleinste sich bietende Nische mit einer spezifischen Vielfalt von Formen für sich zu erobern. Mitzuspielen für eine Weile – dazu ergeht die Einladung von allem Lebenden wohl auch an uns als die Akteure und Zeugen dieses unglaublichen, unendlichen Dramas.

Die Seehunde

Schärenküsten mit ihren ausgefransten Rändern weisen auf die Wirkung von Gletschern hin. Man findet sie entlang der Spitze Südamerikas, im Nordosten Kanadas und an der norwegischen Westküste, dort auf einer Länge von über 2000 Kilometern.» Jeder, der in «Erdkunde» gut aufgepaßt hat, wird Worte wie diese aus Schülertagen noch in Erinnerung haben. Aber welch eine Wirklichkeit steckt dahinter!

Ich sitze auf dem Panoramadeck der «Vesterålen», einem Schiff der legendären Hurtiglinie, die Gesamtnorwegen wie ein dünner, aber lebenswichtiger Nervenstrang durch die Beförderung von Passagieren und Fracht zwischen der Stadt Bergen im Süden und Kirkenes im Norden miteinander verbindet. Es ist gegen sieben Uhr morgens, ein Freitag im August. Noch ist alles still an Bord. Am Abend zuvor hat das Schiff die kleine Stadt Rørvyk angelaufen. Laut Karte befinden wir uns jetzt auf dem 66. Grad nördlicher Breite.

«An der Backbordseite links sehen Sie den ‹Reiter›.» Die spärlichen Ansagen kommen auf Norwegisch, Englisch und Deutsch von der Brücke. Eine bizarre Gebirgsformation aus dunklem kahlem Basalt streckt sich wie ein verfallener Turm inmitten einer vorgeschichtlichen Burgruine in den graugelben Himmel. Ein leichtes Zittern geht durch das Schiff, das in gleichmäßiger Fahrt die völlig ruhig daliegende See durchteilt und ihr teerfarbenes Schwarz von der Mitte her nach achtern mit einem Delta aus flachen Schaumkronen überzieht. Keine Welle sonst trübt das Spiegelbild der majestätischen Gebirgszüge, die zu beiden Seiten die engen Fjorde umrahmen. Schroffe, steil abfallende Wände, weich auslaufende Hänge, felsige Kegel, baumbestandene Hügel – keine Geschichte könnte phantastisch genug sein, um diese Fülle von Gestalten aus den Tagen der Urzeit zueinander in Beziehung zu setzen. Langgestreckte Felsbuckel, dunkel wie die Rücken einer Herde von Walen, schwimmen vorüber. Hin und wieder dringt die Sonne durch die dichte Wolkendecke und berührt mit tastenden Fingern aus Licht die Oberfläche des Wassers. Auf den Bergspitzen schimmern vereinzelte Gletscher und verwandeln die düsteren Steinriesen in Kathedralen ragender Einsamkeit.

«Auf der Backbordseite sehen Sie in wenigen Minuten den Globus; er steht genau auf der Höhe des Polarkreises.» Die Welt der Mitternachtssonne beginnt. Ein kleines grasbewachsenes Eiland mit einer Kugel aus Metalldraht zeigt die unsichtbare Linie an, die den Bühnenrand für die Schattenspiele der Sonne auf dieser Erde zwischen Juni und Juli markiert. Und immer weiter geht es nach Norden, mit Kurs auf Bodø und die Lofoten. Nur vereinzelte an den Uferrand geklebte Häuschen erinnern gelegentlich noch an die Gegenwart von Menschen, sonst wirkt diese Welt wie unberührt.

Ich gehe durch den «Trollfjordsalon» hinaus auf das Vorschiff. Der Wind hat aufgefrischt; es ist fröstelnd kalt. Das ruhige Gleiten des Schiffes erlaubt ein geduldiges Schauen – nicht die Raschheit des ständigen Wechsels von Licht und Schatten, wie etwa beim Blick durch das Abteilfenster eines Zuges, sondern die Langsamkeit einer Zeitlupenbewegung bestimmt vom Schiff aus die Wahrnehmung. Manchmal umschließen die Berge einen Fjordarm und verleihen ihm das idyllische Aussehen eines Alpensees, dann wieder laufen sie aus in einen Archipel flacher Inselgruppen, der von dem wuchtigen Massiv blaubrauner Höhenzüge überwölbt wird. Darüber schieben sich, wie die Bänder eines Gewebes aus graublauen, zaghaft gelbweißen Streifen, die tiefstehenden Wolken ineinander.

Ich hole mein Fernglas hervor und richte den Blick auf eine schmale Landzunge; irgend etwas scheint sich dort zu bewegen. Als ich die Entfernung richtig eingestellt habe, sehe ich zu meiner Überraschung eine Gruppe von vier Seehunden am

Ufer liegen, so hoch im Norden, zu dieser Jahreszeit! Doch das eigentlich Verwunderliche ihres Anblicks liegt in etwas anderem, in dem unglaublichen Kontrast zwischen der überragenden Majestät dieser Schärenwelt und der winzigen Verspieltheit dieser Tiere, in dem Gegensatz zwischen den riesigen Zeitmaßen der Geologie und der so kurzen Dauer aller biologischen Formen, in dem deutlichen Eindruck, daß diese ganze Welt Jahrmillionen lang existiert haben kann, ohne einer Lebensart auch nur entfernt zu bedürfen; – wir aber leben inmitten dieser Welt!

«Die Wirkung der Gletscher der Eiszeit» – das sind in Wahrheit ganze Epochen der Erdgeschichte, begraben unter einem Panzer aus Kälte; doch dann, Jahrzehntausende später, schmelzen die Eiskappen ab, und zum Vorschein kommt diese Zauberwelt der Schönheit, und bald danach schon dringen Fischschwärme in das planktonreiche Kaltwasser vor, nicht viel später gefolgt von ehemals bärenähnlichen Landraubtieren, die sich ihrerseits in Jahrmillionen auf den Fischfang spezialisiert haben. In welchen Dimensionen der Zeit bewegt sich der Strom der Schöpfung, in dem niemals etwas vergeht, ohne in verjüngter Gestalt zu neuem Leben zu erwachen! Und wie vermessen sind wir flüchtigen, nichtigen Menschen, wenn wir das immer raschere Tempo dessen, was wir als «Geschichte» bezeichnen, dieser Welt aufzuerlegen suchen?

Schon gleitet das Schiff um das Kap herum, die Seehunde verlieren sich aus meinen Augen. Zwischen zwei Wolken, gerade über dem Schiff, bricht das Licht hervor und umhüllt die beiden tafelartig geschliffenen Berge im Osten vor uns mit einem weichen Nebel aus Helligkeit. Hingebreitet unter einem Teppich bläulichen Schimmers liegt, wie noch ein wenig verschlafen, die See. Eine einzige Stunde auch nur der Zeuge einer solchen Welt zu sein – welch ein unglaubliches Glück und Geschenk!

Die Zwergmakis

Schon immer schwärme ich für nachtaktive Tiere, und wann irgend sich Gelegenheit bietet, den zoologischen Garten zum Beispiel in Frankfurt oder Berlin zu besuchen, zieht es mich unfehlbar hin zu diesen Schattenwesen zwischen Traum und Tag. Am meisten haben es mir dabei die madagassischen Mausmakis angetan. Ihr Lebensraum ist winzig klein – ein Würfel von fünfzig Zentimetern Kantenlänge, wenn er nur dicht genug mit tropischen Pflanzen bestanden ist, reicht offenbar völlig aus, sie zufrieden zu stellen; es muß darin nur eine Baumhöhle geben, in die sie sich zurückziehen können, denn das allerdings tun sie am liebsten. So kann es sein, daß man wieder und wieder vor der geheimnisvollen Vitrine mit der Aufschrift «Mausmaki» steht, ohne je von diesen possierlichen Tieren etwas zu Gesicht zu bekommen.

An einem Nachmittag bei einem Abstecher vom Ku'damm in den Berliner Zoo zu meinen unsichtbaren Freunden hatte ich Glück. Kaum waren die Augen einigermaßen an die Mondscheinbeleuchtung des Lemuren-Hauses gewöhnt, da sah ich zum ersten Mal in meinem Leben ein Mausmaki-Pärchen: winzig kleine, zentimetergroße Wesen mit riesigen, parallel nach vorn gerichteten Äuglein, überdimensionalen Klammerpfötchen, lustig abstehenden Ohren und einem mausähnlichen Schnäutzchen, aus dem die Zunge zum Fang von Insekten und Heuschrecken hervorschnappen kann. Daneben leben diese behenden Tiere aber von Blütenhonig und Nektar; aller Nahrungssorgen ledig, können sie es sich wirklich leisten, den größten Teil selbst ihrer «aktiven» Zeit schlafend in ihrer Höhle zu verbringen.

So ähnlich, mußte ich denken, hat das menschliche Dasein also wohl einmal begonnen. Vor mehr als dem ungeheueren

Zeitraum von fünfzig Millionen Jahren müssen die ersten Vorfahren der «Herrentiere» dieses Planeten in etwa so ausgesehen haben wie diese kleinen Lebewesen. In ihren winzigen Köpfchen tragen sie bereits die Ahnungen all der Gefühle, die auch unser menschliches Leben bestimmen: Liebe und Haß, Freude und Schmerz, Zufriedenheit und Ekel, Verlangen und Neid – über welche Ausmaße in Raum und Zeit hinweg erstreckt sich dieser gewaltige Strom des Lebens, dem auch wir Menschen unzweifelhaft zugehören! Welch ein Recht also hätten wir, den Lebensraum irgendeines dieser Lebewesen für den Bau von Asphaltstraßen und Plantagen zu zerstören? Welch ein Recht überhaupt hätten wir, das Leben irgendeines Tieres an unserer Seite zu verwüsten? Vierfünftel der tropischen Wälder Madagaskars sind schon der Rodung zum Opfer gefallen.

Die großen Augen der zwei Mausmakis, dieser angstverhuschten Kinder der Nacht, werde ich nie mehr vergessen. Aus einem unermeßlichen Erfahrungsschatz der Natur spiegelt sich in ihnen mehr Vernunft wider als in unseren noch so klugen Gedanken, die sie mit einem einzigen scheuen Blick in Frage stellen. Wir alle leben gemeinsam aus der Schutzbedürftigkeit eines Geheimnisses, das wir niemals zerstören dürften, scheinen sie zu sagen, und dieses Geheimnis besteht aus Güte, Weisheit und Dankbarkeit. Irgend etwas von diesen Gefühlen müssen wir in uns spüren, um richtiger mit der Welt umzugehen und der Kraft näherzukommen, die uns ins Dasein gerufen hat. Ein jedes dieser Gefühle ist wie ein Gebet zu einem unbekannten Gott.

Die Schwalbe

*T*ruppenübungsplätze sind Orte, die ich im allgemeinen nicht mag, doch einen Vorteil besitzen sie unbestreitbar: Ihre düstere Aura von Drill, Tod und Gefahr hält ungebetene Zaungäste fern, und das wiederum macht aus ihnen die letzten unangefochtenen Naturschutzgebiete der Bundesrepublik Deutschland; wo Menschen es lernen, sich gegenseitig zu füsilieren und zu massakrieren, haben Tiere und Pflanzen immerhin eine gewisse Chance, sich am Leben zu halten. Und manchmal, wie aus Versehen, beherbergen Orte wie diese sogar geschichtliche Kostbarkeiten, wie zum Beispiel der Truppenübungsplatz am Südrand der Lüneburger Heide die Sieben Steinhäuser von Fallingbostel. Der Platz ist für Touristen nur an Wochenenden zugänglich und auch mit dem Auto nicht ganz leicht zu finden; doch an diesem Samstag war ich fest entschlossen, dorthin zu fahren.

Nie im ganzen 20. Jahrhundert war der Sommer so warm wie im Jahr 1995. Seit Wochen war kein Regen mehr gefallen. Der sandige Heideboden war völlig ausgedörrt, und so drängte ich mich, wo irgend möglich, in den Schatten der Tannen und Birken, die vom Parkplatz aus den Weg zu den Großsteingräbern säumten. Der Name von den «sieben» Steinhäusern trügt – genau genommen sind es nur fünf Gräber, die vor etwa viereinhalbtausend Jahren an dieser Stelle errichtet wurden, doch was für eine Botschaft geht von diesen eindrucksvollen Zeugnissen einer fernen Vergangenheit aus!

Es war in der Jungsteinzeit, als die ersten Ackerbauern in Norddeutschland ihre Verstorbenen auf diese Art beisetzten, – die «Trichterbecherleute», wie man sie nach der Form ihrer Keramik nennt. Mit einem erstaunlichen Aufwand an Planung, Arbeit und technischem Können gelang es ihnen, die mächtigen Findlinge, die seit dem Rückgang der eiszeitlichen Gletscher überall verstreut lagen, zu diesen großen Grabkammern zusammenzufügen. Längst hatten Regen und Wind die gewaltigen Erdhügel wieder abgetragen, die ursprünglich die Steingräber überwölbten, so als wenn sie das Behältnis des Todes selbst noch in eine Art Skelett hätten verwandeln wollen. Erst zwischen 1924 und 1937 wurden vier der fünf Steinhäuser ausgegraben und wiederhergestellt. Bei den Arbeiten fand man, daß als erstes jenes Grab errichtet worden sein muß, das besonders durch seine riesige Deckplatte imponiert; es war ursprünglich von einem länglichen Hünenbett eingefaßt, das man hernach verkürzte, indem etliche seiner Steine zur Umwallung der späteren Gräber verwandt wurden. Doch nicht diese Änderungen im äußeren sind erstaunlich; am meisten verblüffend ist es zu sehen, wie unterschiedlich im Verlauf der Jahrhunderte dieselbe Grabkammer benutzt wurde. Denn offenbar sind die Gräber in der späten Jungsteinzeit teilweise geräumt und dann neu belegt worden, indem man immer mehr dazu überging, die Toten einzeln beizusetzen. Später dann gab man die Großgräber ganz auf, doch hielt man sie bis in die Neuzeit in Ehren.

Durch eine Lücke zwischen den Tragsteinen kroch ich in eines der Gräber hinein, um mir einen Eindruck von der Atmosphäre des Inneren einer solchen Totenkammer zu verschaffen. Ein eigentümliches Spiel von Licht und Schatten umfing diese Stätte. Wie viele Menschen mußten hier vor Tausenden von Jahren den Tod ihrer Angehörigen beklagt haben, und doch hatten sie sich in dem Glauben getröstet, daß ein Mensch, der stirbt, nicht vom Leben und nicht von den Lebenden getrennt wird; vielmehr deuteten die frühen Ackerbauern damals das Geheimnis von Leben und Tod vermutlich nach dem Vorbild von Aussaat und Ernte: Der Tod existierte für diese Menschen so wenig wie für die Blumen und die Bäume; das geschnittene Korn war dazu bestimmt, neu eingesät zu werden und sich im Tod überreich zu vermehren, und so bedeutete das Sterben in gewissem Sinn nur, hinüberzugehen an den Ort, an dem die

Vorfahren sich schon versammelt hatten. Diese Steinhäuser der Toten werden eine gewisse Ähnlichkeit zu den hölzernen Langhäusern der Lebenden aufgewiesen haben, nur daß sie nicht für die Zeit, sondern für die Ewigkeit errichtet waren. Der Einzelne lebte auf Erden geborgen im Schoß seiner Sippe, und er vereinte sich im Tod mit den Ahnen seines Clans. Welch eine geistesgeschichtliche und religiöse Wende muß es bedeutet haben, als andere – andere Völker vielleicht – dazu übergingen, jedem einzelnen Menschen ein Grab, eine Stätte des ewigen Lebens, zu errichten?

Ich schaute zwischen den Steinen nach draußen ins Freie. War es möglich, daß die Menschen damals das ganze Leben so ähnlich zu betrachten begannen wie ein Grab, das erst im Tode sich öffnet ins Licht? Daß sie selbst den menschlichen Körper betrachteten wie eine Totenkammer, aus welcher die Seele jedes Einzelnen sich zum Himmel erhebt? Schon die Schamanen der eiszeitlichen Jäger sahen die Seele des Menschen als eine Art Vogel an, der im Tod seine Schwingen breitet und zurück will zu seiner ewigen Heimat unter den Sternen. Nur: wer verleiht der menschlichen Seele die Kraft zu einer solchen Reise in die Unendlichkeit? Was für eine Energie ist es, die einen einzelnen Menschen aus der Menge heraushebt und ihm die Bedeutung der Ewigkeit zuspricht? In solchen Grabkammern wurden damals gewiß zunächst nur die Könige und Vornehmen der Gesellschaft bestattet; doch irgendwann muß der Gedanke sich durchgesetzt haben, daß jeder Mensch, nach der Weise des Himmels betrachtet, ein König ist mit dem Anspruchsrecht auf Unsterblichkeit. Diese wuchtigen grauen Steine, die dalagen wie die Mauern ewiger irdischer Kerkerhaft, gaben in Wahrheit Zeugnis von einem Glauben, der selbst ein solches Felsengrab öffnete für die Aussicht auf Hoffnung und Leben.

Von der grellen Sonne im Freien beinah geblendet, kletterte ich aus dem Grabe heraus, froh, die Wärme dieses verschwenderischen Sommers wieder auf meiner Haut zu spüren. Ich schloß die Augen und lehnte mich versonnen an einen der

Steine. Was konnte eine Kathedrale, was eine Pyramide größeres erzählen als diese Sieben Steinhäuser von Fallingbostel, die aus derselben Zeit stammten wie die ägyptischen Königsgräber und die auf ihre Weise den Ursprung aller Kathedralen bildeten? Langsam, wie träumend, ging ich hinüber zum Parkplatz, öffnete die glühend heiße Autotüre, deren Fenster ich auf der linken Seite halb heruntergekurbelt hatte, um wenigstens etwas Luft einzulassen, und drehte den Zündschlüssel um, in der Absicht, das Auto so rasch wie möglich in den Schatten zu fahren. Doch kaum trat ich spielerisch auf das Gaspedal, bereit, die Kupplung kommen zu lassen, da hörte ich rechts am Boden neben mir ein eigenartiges Geräusch.

Eine Schwalbe, die sich vermutlich auf der Suche nach einer Wasserstelle verflogen hatte, war allem Anschein nach gegen die verschlossene Scheibe der Beifahrerseite geprallt und auf den Boden gestürzt. Fast hatte ich Mühe, das Tier mit seinem schwarzblauen Gefieder auf dem dunklen Gummibelag des Autos zu erkennen. Hilflos klappte es mit den Flügeln, unfähig, sich selbständig in die Luft zu erheben. Es war, wie wenn es mit dem Geräusch des Flügelschlagens auf sich hätte aufmerksam machen wollen. Dieses an sich so scheue, im Flug der Reaktionsfähigkeit jedes Menschen bei weitem überlegene Tier lag da und schien nur darauf zu warten, daß ich, den es als seinen natürlichen Feind empfinden mußte, ihm beistehen würde. Für diese Schwalbe gab es nur diese beiden Möglichkeiten: entweder ich würde auf ihr Flehen antworten und ihr entscheidend helfen, oder ich würde sie behandeln wie einer der Beutegreifer, die sie am meisten fürchtete. Dieses Tier befand sich zwischen Tod und Leben, zwischen Angst und Vertrauen, zwischen Untergang und Auferstehung, und es lag an mir, dem Dilemma ein rasches Ende zu setzen. Schnell öffnete ich die Seitentür und schob meine Hände vorsichtig unter das so winzige Federbündel. Die kleinen Füßchen, die den Vogel selber am Boden nicht trugen, klammerten sich an meinen Fingern fest. Vielleicht hatte das Tier sich verletzt? Doch weder am

Schnabel noch an den Flügeln war irgend etwas Auffälliges zu erkennen. So riskierte ich es und warf den Vogel mit beiden Händen in die Luft. Was nun geschah, war wie ein Wunder: Mit einem spitzen Schrei schwang das Schwälbchen sich empor, kreiste einmal wie in einem dankbaren Schwirrflug über meinem Kopf, und dann schoß es zwischen den Baumwipfeln davon. Es war gerettet. Es lebte. Es war dem Dasein zurückgegeben. Mir aber, im Zusammenhang meiner Gedanken, schenkte es ein Sinnbild des Lebens überhaupt: Wie, wenn der Tod, weit entfernt, unser Beutegreifer zu sein, seine Hände nur unter uns breitete, um uns empor in den Himmel zu werfen, auf daß wir, gescheitert an den engen Wänden der Welt, uns hineingetrauten in die Sphäre der Ewigkeit?

Die Meisen

lles entgleitet mir. Was mach' ich denn nur?» Ihre dunklen, angsterfüllten Augen leuchteten fragend aus ihrem bleichen Gesicht hervor. «Den Glauben meiner Kindertage habe ich schon vor langer Zeit verloren, aber geblieben sind Schuldgefühle, und immer die Angst, etwas falsch zu machen.»

Sie sagte es fast unhörbar leise, und ihr faltiges Gesicht schien bei diesen Worten verlegen zu lächeln, so als schämte sie sich, ein solches Problem überhaupt noch zu haben, – in ihrem Alter! Aber sie litt an ihren Angstanfällen schon ein Leben lang, und je schwächer ihr Körper und je müder ihr Geist sich fühlte, desto ohnmächtiger und wehrloser empfand sie sich gegenüber ihren religiösen Zwängen.

«Ich komme mir so schlecht vor, wenn ich es tue.»

«Es» – das war eine Litanei von Gebeten, die sie jeden Morgen für alle möglichen Leute aufzusagen hatte, das war der pflichtmäßige Besuch des «Meßopfers» in der katholischen Kirche am Ort, das war die Wiedergutmachung all der Minuten, da sie «unandächtig» den priesterlichen «Amtshandlungen» am Altare «beigewohnt» hatte.

Sollte es dieser bald 80jährigen Frau nicht endlich erlaubt sein, einmal des Morgens ohne Angst sich zu erheben und die Glocken im Kirchturm hängen zu lassen? Aber wie?

Ich wußte, daß sie sich angewöhnt hatte, auf ihrem Balkon die Meisen zu füttern. Natürlich war ihr bekannt, daß die Naturschützer davon abrieten: Man verwöhnte die Vögel nur, man brachte das Verhältnis unter den Arten durcheinander, man griff in die Aufzucht der Jungtiere ungünstig ein. Doch all diese Bedenken kamen nicht auf gegen die Freude dieser Frau an dem Anblick ihrer kleinen gelbschwarzen Freunde. Noch vor Sonnenaufgang kamen sie zu ihrem Futterhäuschen, so daß sie oft genug wach wurde gar nicht vom Läuten der Glocken, sondern von den hämmernden Klopfgeräuschen, mit denen die Vögel an den Holzkanten des Häuschens die Schalen der Sonnenblumenkerne und Bucheckern zu öffnen versuchten.

«Sollten wir das Beten nicht einfach den Vögeln überlassen?» fragte ich sie.

«Wie?» Sie schaute mich ganz ungläubig an, voller Furcht, für ihr so notvolles «Problem» auch noch verspottet zu werden. Ich aber meinte meine Frage ganz ernst.

«Sie kennen bestimmt ein wenig die Bibel. Wissen Sie, daß es ein Gebet darin gibt, das die Tiere und Vögel auffordert, sie sollten beten zu Gott? Doch, das gibt es, den Psalm 148! Wie wäre es, Sie beteten ganz einfach mit den Tieren? Im Grunde tun Sie das doch schon. Sie möchten sie glücklich sehen, und Sie freuen sich, wenn sie glücklich sind. Und was für ein Gebet könnte schöner sein als das Glück der Kreaturen?»

Gewiß, dieser Frau hatte man als Kommunionkind bereits beigebracht, daß Gott gestreng sei, daß er Opfer und Einschränkungen von uns Menschen verlange. Wie aber, es wäre ein weit wahrerer Gottesdienst, dem Beispiel der Tiere zu folgen? Sie opfern nicht, sie besuchen nicht zu besonderen Zeiten besondere Orte, die sie als Tempel und Kirchen bezeichnen, sie sprechen nicht bestimmte Formeln, um fromm zu sein, sie sind nur einfach da, eins mit der Macht, die sie in ihr Dasein rief. Und manchmal, vor lauter Glück, singt es in ihnen. Dann bebt ihr Herz, und dann betet ihre Seele. Wir müßten's nur wagen, ein wenig glücklich zu sein, und es breitete sich ein Gefühl der Dankbarkeit über die blühenden Büsche der Fliederbäume, über die leuchtenden Blütenpyramiden im Blätterdach der Kastanien, über die weißglänzenden Stauden der Holunderbüsche – welch ein ewiger Morgen der Kreatur! Welch eine besänftigende, gütige Fürbitte auch über alles Versagen und über alle mögliche Schuld! Das fröhliche Gezwitscher der Meisen könnte dieser Frau helfen, sich tiefer geborgen zu fühlen als in dem vergeblichen Flehen ihrer angsterfüllten Kirchengebete.

Die Mauersegler

An einem regnerischen Nachmittag besuchte ich, mehr zufällig als absichtlich, die Schloßkirche in Bregenz. Auf dem menschenleeren Vorplatz, eingeschlossen in vier wuchtigen Blöcken, hoch auf einem Marmorsockel, erblickte ich das Kriegerdenkmal, das Bild des gefallenen Galliers, wie er, zu Boden gesunken, auf sein Schwert gestützt, sein Leben opfert in dem verlorenen Freiheitskampf seines Volkes. «Für unsere Helden 1914–1918». Alle waren sie aufgezählt, mit ihren Abteilungen und den Angaben der Orte, an denen sie fielen: die Somme, der Chemin de Dames, das Fort Douaumont, Ypern, Verdun, Cambrai – die Westfront im Ersten Weltkrieg. Daneben die Namen all derer, die im Reservelazarett zu Bregenz ihren Verwundungen erlagen. Abseits, in Reihengräbern, die Gefallenen des Zweiten Weltkriegs. Zwanzigjährige, Dreißigjährige, Angehörige der Waffen-SS ... Wofür sind sie gestorben?

Eine etwa siebzigjährige Frau kam unversehens auf mich zu. «Mein Mann ist vermißt. Wir waren damals erst fünfundzwanzig. Für die Vermißten bringt man keine Tafeln an. An die denkt niemand.»

Tränen traten in ihre Augen.

«Aber Sie denken an ihn, nicht wahr?» –

«Ich komme manchmal hierher. Ich habe länger als zwanzig Jahre auf ihn gewartet. Noch heute – wenn ich ihn am Ende der Straße sähe, ich würde, so schnell ich könnte, ihm entgegenlaufen. Aber es hat ja keinen Zweck mehr zu warten.»

«Sie meinen, er ist tot?»

Mit großen Augen schaute sie mich an.

«Tot? Nein, mein Mann ist nicht tot. Er lebt. Ich habe ihn nur zu lange in der Vergangenheit gesucht.»

Ich nickte zustimmend. «Ich verstehe: Ihr Mann lebt, so lange wenigstens Sie an ihn denken. In Ihnen...»

«Nein, junger Mann», entgegnete sie, «Sie verstehen nicht richtig. Auch ich werde bald sterben. Aber tot? Das kann ich nicht glauben. Ich denke an ihn, weil er lebt. Er ist mir näher als jeder Mensch hier. Er war all die Zeit bei mir, trotz meines Wartens; und oft rede ich mit ihm. Ich weiß nicht, was im Tode geschieht. Aber ganz bestimmt werde ich ihn wiedersehen. Das ist mein Halt und mein Trost. Wissen Sie, vor ein paar Jahren habe ich die Briefe fortgetan, die er mir aus dem Feld geschrieben hat. Ich kenne sie alle auswendig. Er hat den Krieg nie gewollt. ‹Es ist unvorstellbar, was hier passiert›, hat er noch aus Ostpreußen geschrieben. Er war nur mitgegangen, um die vielen Flüchtlinge zu schützen. Es dürfte keine Kriege geben. Es dürfte überhaupt keine Grenzen geben, die man zwischen den Völkern zieht. Wir sind doch alle nur Menschen. Eines Tages werden wir alle sterben. Und dann? Solange wir noch Kinder zu Soldaten erziehen, leben wir nicht richtig. Jetzt hängen die Wolken sehr tief über Bregenz. Aber wenn die Sonne durchkommt, können Sie die schneebedeckten Gipfel von Vorarlberg sehen. Es gibt nur einen Himmel ohne Unterschiede. Und es gibt nur ein Leben. Sehen Sie, wie die Mauersegler den Kirchturm umfliegen? Sie sind gerade zurückgekehrt über Italien, Frankreich, Österreich, Deutschland bis hinauf nach Schweden und Norwegen. Sie sind immer dort, wo der Sommer ist. Jetzt sind sie hier. Aber in ein paar Monaten schon werden sie wieder nach Süden fliegen, immer der Wärme der Sonne nach. Sie brauchen die Flugbahnen nicht zu lernen. In ihnen selbst liegt das Wissen, wie sie nach Hause gelangen. Alle Lebewesen tragen doch einen Kompaß in sich, der ihnen zeigt, was zu tun ist. Wir müßten nur dem folgen, was jeder in sich trägt – wie diese Mauersegler. Das wäre der Frieden. Der Himmel auf Erden.»

Die Makaken

Geh ich entlang dem Ufersaum des Meeres und schaue in die Ferne, bis wo das Blau des Wassers mit dem Blau des Firmaments verschmilzt, und sehe vor mir all den Auswurf einer einzigen Flut an einem einzigen winzigen Stück Strand, so weiß ich nicht mehr, was Deutung ist und was Bedeutung hat. Die buntgebänderten Muscheln in ihrer Symmetrie und Schönheit, die silbrig schimmernden Fischlein, die in dem glühenden Sand flehentlich zucken und keinen Rückweg ins Leben mehr finden, die ausgeleerten Schalen der Krebse mit ihrer bizarren Architektur, sie alle als einzelne gelten der Natur offenbar für bedeutungslos und gleichgültig. Und bin ich als Mensch etwa besonders bevorzugt vor ihnen? Bin ich, anders als sie, etwa mehr als ein rasch vorübergehendes Moment im Stoffaustausch des Lebens? Wenn aber nichts als einzelnes belangvoll ist im Haushalt der Natur, was soll dann überhaupt «Bedeutung» haben?

Merkwürdig – von all diesen quälenden Betrachtungen ward ich erlöst, als mir plötzlich einfiel: es ist schon 11 Uhr, auf 11.20 Uhr aber bin ich vereinbart; um 11.20 Uhr werde ich den Menschen wiedersehen, den ich am meisten liebe. Sie wird auf mich warten, so wie ich seit Tagen auf sie warte. Alles, was sie betrifft, hat für mich absolute Bedeutung – wie es ihr geht, wie sie sich fühlt, – wenn irgend etwas, so ist das von Belang. Bald schon werden wir einander in die Arme sinken, und alles ringsum wird sein wie ein Geschenk voller symbolischer Verweisungen. Eine Kette aus Bernstein, ein Armreif aus Korallen – es gibt keinen Tod mehr, es gibt nur ein Netz lebendiger Bedeutungen in dem seligen Feld unserer Liebe.

Dieser Tage sah ich im Tierpark von Straubing ein Makakenweibchen mit seinem Jungtier; ihre Schwester und das ältere

Brüderchen hockten daneben und betrachteten aufmerksam jede Bewegung des Kleinen. Neugierig, mit großen offenen Augen, streckte es immer wieder seinen unverhältnismäßig groß erscheinenden Kopf vor und drohte dabei nicht selten die Balance zu verlieren. Die Mutter aber hielt schützend die Hand über sein Köpfchen. Sie hinderte nicht seine Bewegungen, doch sie umhüllte sie mit einem unmerklichen Schleier der Geborgenheit. – Die Hände, die wir umeinander legen in der Liebe, und die unsichtbare Hand, die die Liebenden hütet, sie sind alle Bedeutung, die dieses Leben anzunehmen vermag.